# 向山の教師修業十年

学芸みらい教育新書 別巻

向山洋一
Mukoyama Yoichi



学芸みらい社

ひとりの子どものなげきを知った
ひとりの子どものねがいを知った
ひとりの子どものこころを知った

ふたとせすぎて秋長けて
ひとりの子どもの　えがおを知った

※文中に登場する子供の氏名はすべて仮名です。
※本書では現代においてはふさわしくない表現が含まれておりますが、
時代感を鑑み当時のままとさせていただいております。

# まえがき

本書は私のデビュー作です。四十年近く読み継がれているロングセラーです。おそらく教育書として三指に入ると思います。

原著『斎藤喜博を追って――向山教室の授業実践記』は一九七九年に昌平社から出版されました。その後、出版社の事情で、明治図書に迎えられました。そして、一九八六年に改訂版として『教師修業十年――プロ教師への道』と書名を変えて出版されたのです。同時にそれは向山洋一の教師修業シリーズ第十巻へと発展し、教師修業シリーズの第一期の掉尾を飾ることにもなりました。

以来本書は、着実に多くの方々に読み継がれていきました。

この『斎藤喜博を追って――向山教室の授業実践記』の初版本に出逢い、京浜教育サークルで学ぶようになった板倉弘幸先生は、六十歳定年になった年の修了日の翌日、東京から沼津市のある書店に、夫婦揃って出かけました。その書店は、彼が私の原著に出逢った場所でした。再任用教師として再出発するにあたり、新たな気持ちを奮い立たせるために、彼はどうしてもその原点の地に行きたかったと言います。

沼津駅を降りて、勘を頼りに三四年前の書店を探し当てました。当時とは、全く異なるレイアウトの店内に、それほど多くはない教育書が並んでいました。彼は、丹念に棚を調べていきました。そこには、『教師修業十年』が一冊置かれていたのです。奥付を見ると、「２０１２年11月40版　刊」となっていたと言います。

このように改訂版は、四半世紀を経ながらも版を着実に重ねていったことが分かります。全国各地でも本書にまつわるこうしたドラマは、たくさん生まれているのかもしれません。

このたび、向山洋一教育新書シリーズの完結本として、『向山の教師修業十年』が学芸みらい社から出版されることになりました。本書は原著『斎藤喜博を追って——向山教室の授業実践記』から改訂版『教師修業十年——プロ教師への道』へ、そして決定版としての『向山の教師修業十年』と書名を替えながらも、およそ四十年近く読み継がれてきた実践記です。

原著の生みの親は昌平社の久木社長ですが、「若い多くの先生に役に立つ本を書いてほしい。こうすれば、授業がよくなることを具体的に述べてほしい」と依頼されました。また、久木氏からは本を書く上での心構えも教えられました。内容に明確な主張があること、本は宣伝の力で広まるのではなく、人々に受け入れられ、口々に伝わって広がる、ということなどです。

本書を再刊するにあたり、次の諸点に留意しました。

一、役立つ内容を重視するために、前著では載せてあった「実践記の出版企画」を削除。
二、付録の六年一組学級経営案で省略されていた「学級経営の月別展開図」を掲載。
三、人権・差別などにかかわる表現や内容については、十分考慮しながらも、構成上どうしても必要な部分は原著のままにしたこと。

改訂版はしがきの最後に、「この本が五十年間の歴史に耐えて残るに値する教育書かどうか」判断を仰ぎたいと、私は書きました。原著発刊からおよそ四十年を経た現在、五十年を百年と言い換えても間違いではなかったと言われるように、本書がこれからも多くの若い先生方に役立っていくことを願っています。

向山洋一

## 明治図書出版『教師修業十年』版はしがき

本書第一部（本書『向山の教師修業十年』では第1章が該当）は私のデビュー作であり、三五歳の作品です。

本書第一部の原題は『斎藤喜博を追って――向山教室の授業実践記』です。昌平社から一九七九年四月に出版されておりました。この本を世に出してくださったのは、旧昌平社の久木直海社長なのですが、病気になって同社を退くことになりました。

それに伴って、この本も久木氏の手を離れることになり、明治図書出版の教師修業シリーズに加えられることになりました。

かつて私は本書の書名として、『教師修業十年』を考えました。久木氏はこれに反対で『斎藤喜博を追って――向山教室の授業実践記』を主張されました。

書名は約束によって出版社がつけるということになっていたので、久木案通りとなりました。

私は少し不満でしたが、結果としてはこれで大成功でした。というのは、この書名によって何人かの人と知り合うことになるからです。

名古屋大学の安彦忠彦氏がそうです。

明治図書出版の江部満氏、樋口雅子氏がそうです。

京浜教育サークルの板倉弘幸氏がそうです。

現在の私にとって大切なこの方々は、『斎藤喜博を追って』の書名によって本を手にとることになります。


改訂版を出すにあたり、次の内容を付け加えることにしました。
一　デビュー作『向山教室の授業実践記』の出版企画はどう準備されたか。
二　デビュー作『向山教室の授業実践記』の内容は、その後どう発展させられたか。

著者の主張は「デビュー作に帰る」とか言われます。

著者のデビュー作はある意味で、著者のすべてです。

「向山の実践・理論」の原型は、すべてこの本の中に示されています。

教育の技術とは何なのか、教育の仕事とは何なのかをこの段階で意識しております。

「向山洋一の教師修業シリーズ」の第十巻にこの本が入るのは、私としてはこの上ない幸運だと思っています。

きっと運命の神々が私にプレゼントしてくれたのでしょう。

「向山洋一の教師修業シリーズ」は本書をもって全十巻となります。これを機に「第一期教師修業シリーズ」完結ということに致します。

なお、引き続き「向山洋一の第二期教師修業シリーズ」を刊行していきます。


『斎藤喜博を追って』は、なかなか手に入らないので「幻の名著」と言われていたようです。

自分の本を「名著」などと言うのはあつかましいのですが、聞いた話です。お許し下さい。

この本を読み出すと、とりつかれてしまい「一気に読んでしまう」ということだそうです。

「寝ないで読んでしまった」というような便りを何百通かいただきました。

もちろんこれは、反対から言えば「主張が強すぎる」ということですから「鼻もちならない」と思われる方もいらっしゃるでしょう。

私は、この本を書いた時、三五歳でした。

東京の片隅の名もない教師でした。

お世話になった久木社長に原稿を渡す時、次のように言いました。

「今後、五十年間はこの本は残ると思います。それだけのことを書いたつもりです」

昌平社は小さな出版社ですから、広告も出せず、書店への配本もままならない状態でした。

でも、この本は、口から口に伝わって、広がっていきました。

本が広がるのは宣伝の力ではありません。

読者がその本の良さを語ってくれることが第一なのです。

その後七年間で私は、二十冊に近い本を出版しました。

「向山洋一現象」とか「向山洋一シンドローム」が、朝日新聞、毎日新聞でも取り上げられ、NHKテレビ、テレビ朝日などでも放映されています。

その私の出発点は、この本でした。


当代きっての教育書の編集者、江部満氏と樋口雅子氏は、常に言ってます。

「私は久木直海氏に恥ずかしい。何で向山洋一氏を先に見つけられなかったのか。無名の向山洋一氏を一足先にさがし出した久木直海氏に、編集者として敬意を表する」

この話を久木氏に伝えました。

「いや、私は、たまたまめぐりあっただけなのです」と久木氏は語っていました。


さて、この本が「五十年間の歴史に耐えて残るに値する教育書かどうか」ぜひ、読者の皆様のご判断を仰ぎたいところです。

一九八六年五月三日

向山洋一

## 昌平社『斎藤喜博を追って』版はしがき

冷たい雨の降る夕方、ぼくは資料を山のように抱えて、研究会場の東電サービスセンターに向かった。そこだけは会場費は無料であった。同じく未熟な青年教師たちが毎週集まっていたのだった。ぼくは力ない一教師にすぎなかった。

そして十年……。

この本は、教師という仕事に打ち込んでいる、あるいはこれから打ち込もうとする人々に対する、連帯の意を込めた一教師の記録である。

この本は、東京の片隅の学校で、プロの教師になることを目指した一教師の十年間の修業の記録である。

新任教師のころ、ぼくは毎日、子供が帰った教室で机と向かい合っていた。その日にあった出来事を想い出すためである。子供の姿はすぐに霧のように逃げていった。一人一人の子供との出来事がなかなかつかめないのであった。そんな孤独な作業を毎日続けていた。

ぼくは力ない教師であり、あてもない努力をしている教師にすぎなかった。

教育の本を読むようになったのも教師になってからであった。一世紀にわたる教師の歴史の中では、蓄積されたゆるぎない技術（腕）が、一世代から次の世代へと受けつがれていると思っていた。

しかし、ぼくの心を捉えた実践はそれほど多くはなかった。多くはなかったが、教育に打ち込んでいる教師の存在は嬉しかった。不遜にも、斎藤喜博氏のような仕事を受けついでいこうと思ったのは、そのころであった。

ぼくは斎藤喜博氏に会ったことはない。ぼくは斎藤喜博氏を師と思っているのではない。

ぼくは斎藤喜博氏の仕事に、同じ教師として敬意を表しているのである。

明治以降、百十年の教育の歴史の中で、多くの心ある教師がすぐれた仕事を残してきた。その中でも斎藤喜博氏の仕事がぼくの心に残ったのである。

彼の著書の中にあった、「一時間の授業でクラス全員、跳び箱を跳ばせられる」という文が、ぼくの心を捉えたのである。

「一時間で全員を跳ばせます」という境地にぼくも立ってみたかった。

一時間一時間の授業に、一つ一つの出来事に、真剣に立ち向かい、その結果として、そう言い切れる境地に立ってみたかった。

ぼくは、斎藤喜博氏の仕事を追い、そして受け継いでいくことを、自らに課した。

群馬県島小学校。斎藤喜博氏が校長在任時代に行った島小での実践は、映画、本、雑誌等で広く世に紹介されている。

彼の仕事を理論化すべく、いくつかの大学の研究者たちは教授学の確立を目指した実践・研究をすすめている。それは日本の教育の歴史の中で、一時代を画した実践であった。

しかし、ぼくにとっては、そうしたことはあまり意味をもたない。

「一時間で跳ばせます」という境地に、立ってみたいだけなのである。もちろんそれは、体育の一教材である跳び箱だけのことを意味しているのではない。すべての教育の面において、そういう境地に立ってみたいのである。

その境地とは、「私はすぐれた教師である」ということではない。教育の仕事のおびただしい内容を峻別し、「できること」と「できないこと」をはっきりさせ、「出来ること」を一つ一つとふやしていくという境地なのである。

この本には、それ以外には斎藤氏のことは出てこない。東京の片隅の一教師が、真剣に教育に取り組もうとした記録だけなのである。

もとより、「完成された仕事」などあるはずはない。「完成された仕事」を目指す絶え間ない追跡の連続があるにすぎない。

子供の一つの可能性を伸ばすことは、他の可能性を伸ばすことへと発展する。しかし、子供の一つの可能性を伸ばすことが、他の可能性をつぶしてしまうことにもなりえる。一つの可能性が伸びれば伸びるほど、他の可能性は失われていくからである。音楽家であり、小説家であり、技師であるという人間はそれほど多くはない。一つの可能性が開花すればふつう、他の可能性はしぼんでしまう。生命を育むことの畏れを教師はいつも心に抱いている。

明治以来、数百万の教師たちによって創られてきた教育も、おそらくはそうであった。人の師であることに畏れおののきながら、自分の仕事を厳しく見つめる教師によって、一つまた一つと教育の仕事は前進させられてきた。

ぼくは、心ある教師たちのそういう仕事を受け継いでいきたいと思う。ぼくの代で行われた仕事は、やがて次の代の教師たちが引き継いでいってくれることであろう。

この本は、教師という仕事に打ち込んでいる、あるいはこれから打ち込もうとする人々に対する、連帯の意をこめた一教師の記録である。

一九七九年三月十日

向山　洋一

## 目次

まえがき　5
明治図書出版『教師修業十年』版はしがき　8
昌平社『斎藤喜博を追って』版はしがき　12

第1章　向山教室の授業実践記　19

1　教師と技術　20
（1）斎藤喜博氏を追って　20
（2）「日曜だけが好き」だった子　34
（3）「台形の面積を五通りの方法で出しなさい」　51

2　教師と問題児　64
（1）天井裏から音が返った——登校拒否——　64

（2）「ぼく死にたいんだ」――情緒障害――　81

3　教師と修業　110
（1）放課後の孤独な作業　110
（2）新卒時代の日記　120
（3）子供に自由と平等を！　130
（4）教育実習生の変革　144

4　教師と仕事　160
（1）王貞治さんへ　160
（2）「しんどい」とは人様が言うことだ　167
（3）悪人じゃないが鈍感すぎる　174
（4）楽しい日は一日もなかった――子供の日記――　179

5　教師と交信　190
（1）てふてふが一匹韃靼海峡を渡って行った　190

（2）ある父親の投稿とその返信　206

6　教師と仲間　221

（1）東京の片隅の小さな研究会　221

（2）サークルの仲間への手紙　224

〈付録〉六年一組学級経営案　238

第2章　今その道をさらに　279

「実践記」の主張・その発展　280

昌平社『斎藤喜博を追って』版あとがき　少し長いあとがき　298

解説　307

根本を変える　吉永順一　308

# 第1章

# 向山教室の授業実践記

# 1　教師と技術

## （1）斎藤喜博氏を追って

肌を刺す寒さの中を、大森の東電サービスセンターに向かった。そこは無料で部屋を貸してくれたから、週一回の研究会の会場にしていたのだった。

新卒研修会で知り合った、教師一年生ばかりが集まっている小さな研究会であった。「毎回必ず印刷物による提案・報告を行うこと」「できる限りほめないこと」の二点を申し合わせていた。

その日に女の先生が提案した「跳び箱が全員跳べるまで」という報告がみんなの注目を集めた。どうしても跳べない男の子が、みんなの励ましや、休み時間を使っての練習や、何回もの学級会での話し合いを経て、跳べるまでの記録であった。学級会の様子や、子供の作文、教師の心境などまとめた三十ページにものぼる冊子であった。跳び箱を跳べない子に真正面から取り組んだ教育の熱気に、みんなは引き込まれた。

うちのクラスにも跳べない子がいる。ぼくは全員跳ばせることを決意した。

体育の授業の時、さっそく跳び箱をやってみた。四人の子が跳び箱の上にすわってしまうのだった。手を着く位置を教えた。もっと前に着くようにさせてみた。手は前に着くようになったが、やはり跳び箱にすわってしまうのだった。踏み切りを強くするように言ってみた。助走距離をもっととるようにとも言ってみた。確かに、踏み切りの足の音は大きくなり、助走も力強くなってはきた。しかし事態は一向に変わらなかった。お尻がすごく重いかのように、跳び箱の上ですわってしまうのだった。

あきらめの心をときほぐそうと、「大丈夫だよ」と安心もさせてみた。「先生がついてるんだから、思いっきりやってみなさい」「屋上から飛びおりるつもりでやってみなさい」とも言ってみた。それでもだめであった。

言う言葉がなくなって、「跳ばなかったら承知しねえぞ!」と、おどかしてもみた。それでも一向にだめであった。

しかし、必死でやったためか、三日もするとなんとか全員跳べるようになっていた。

それからしばらくして、斎藤喜博氏の著書の中に、「私は、一時間のうちに全員跳び箱を跳ばせられる」という文を見た。「一時間で全員跳ばせます」。そう言い切れる自信、その境地にぼくも立ってみたかった。ぼくも教師として、そう言い切ってみたかった。それは技術だけのことではない。単に跳び箱だけのことではない。子供の可能性を頑固に信じ、一つ一つの仕事を全力でやりとげていく中でしか言えないのだと思った。跳び箱を跳ばすというたったそれだけのことにも全力を傾けようと思った。中学生が教えたって、高校生が教えたって、八割・九割は跳ばせられる。残ったわずかの子供を跳ばせられるのがプロなのだと思った。プロとアマの差はわずか数ミリの差にすぎないが、その数ミリは、どうしようもないほど歴然とした差である。そのわずかの中に、人生がたたみ込まれるほどの労力が入っているからである。

「ぼくは跳び箱を跳べない子だけ集めて、それが三十人までなら一時間で跳ばせてみせます」

この言葉を人前で言えるようになるまでに、それから五年の歳月が流れていた。ぼくのやり方と斎藤氏のやり方が同じかどうか分からない。彼は技術のことを書いていなかったし、ぼくもまた、そのようなことを求めなかったからだ。一つ一つの教育の仕事に全力を傾けていけば、やがて教師の腕が上がったことの一つの証しとして、跳び箱を全員跳ばせられるようになると思ったからだ。

教師になって、七年目のことである。

六月一日の放課後のことであった。明日は運動会である。四年生が二十人くらい跳び箱の練習をしていた。運動会の種目に跳び箱があるのだが、毎日特訓したにもかかわらず、二十人くらいがどうしても跳べないのである。四学級のうち三学級は新卒の先生で、熱心に教えているのだがはかばかしくなかった。なにせ、どれだけ教えても跳べない、いわば重症の子ばっかりであった。

ぼくはそれを教員室からながめていた。指導していた新卒の中村先生が戻って来たので、「迷惑でなかったらぼくがやってみようか」と話した。酒の席で、新卒の先生たちにぼくはえらそうなことを言ったことがあった。そのことを思い出し、教師の腕がどういうものか実際に示してやろうと思ったからである。みんな熱心な、いい先生であった。

ぼくは二十人全員を跳ばせた。かかった時間は十五分間であった。先生たちも、子供たちも信じられない顔をしていた「跳べた！」と先生に抱きつく子もいた。泣き出してしまう子もいた。跳びはねている子もいた。跳べるようになった跳び箱を、子供たちは何回も何回も跳んでいた。跳べることを確認でもするように何度も跳んでいた。その時の様子を新卒の解良先生は学級通信に報じた。子供たちの文章が印象的であった。

とっても、とっても、うれしかった。向山先生のおかげでとべたのだから、向山先生にお礼をいわなくちゃ。とってもふしぎな気持ちで、ふわっと体が軽くなったみたいで、ほんとにふしぎな気持ちだった。（睦子）

運動会が近づいてきた。運動会にやるとび箱がわたしはとべない。六月一日とべない人が集まった。とべるまでやらされた。何回やってもとべなかった。先生に何度もとべないといった。私はかなしくてたまらなかった。そのたびに先生は「大丈夫だよ」「大丈夫だよ」と言ってくれた。すこしして向山先生がいらした。向山先生がおしりをもちあげてくれたので、とべなかった人がとべるようになった。私と白井さんがのこって白井さんもとべた。私一人が残された。一〇回くらい練習して、一人でとべた！　わたしは解良先生にだきしめられた。わたしは安心した。もう、うれしくて、うれしくて、向山先生にかんしゃした。（佐和子）

私はとび箱をとべなかった。でも向山先生がじゅんじゅんに教えてくれた。それで一人で、やることになり、みんなとべた。私はどきどきしました。とび箱に向かって走って、おもいっきりとんだ。とべたのです。私はうれしい。（美紀）

子供たちはこれほどまでに喜んでくれた。こうした腕を、一つまた一つとぼくはみがいていこうと思った。それこそがぼくの選んだ教師としての道であり、人生であると思った。

解良先生もやがて全員を跳ばせる力を付けていった。

ある友人が学校で六年生の跳び箱の研究授業を見て、跳べない子が七名いたという。ビデオテープを使って授業したのだが、一時間かかってもやはり七名は跳べなかったという。「いい先生なのに、俺は率直に批判できなかった」と彼は言っていた。教師の世界の中には、率直な批判を受けつけないような雰囲気があるのは事実である。批判する方が傷つくことを覚悟しなければ率直にものを言えない状態をぼくは悲しく思った。

ぼくは担任をすると、一週間以内に跳び箱の授業をすることにしている。誰でも可能性があることを話してあげ、その証明として跳び箱が跳べない子を跳ばせてみせてあげるのだ。教師がいくら可能性のあることを言っても、子供は半信半疑である。しかし目の前で、跳び箱の跳べない子を跳ばせたあとは違う。初めて跳んだ子もそれを見ていた子も、一様に可能性を信じるようになるのである。

初めて跳んだ子が成長するだけではなく、見ていた子も成長するのである。「やればできるんだ」「私もがんばらなくてはならないと思いました」などと言うようになるのである。一人の成長がクラス全員の成長につながる。それでこそ教室である。一対一の教育では得られぬものが教室にはある。


初めてとび箱がとべて私はとてもうれしかった。オーストラリアの学校では、とび箱がありません。今日、初めてとび箱を見たのです。とぶ時はとてもこわかった。最初は心がどきどきしていましたが、先生が手伝ってくれました。そしてとべました。今度からもっとがんばって、きれいにとびたいと思います。（香）

「フワッ。」
体が宙にうき
足が砂にさわる
とべた！
とび箱が五段
とべた！
うれしかった。
先生とあく手した。
涙が出そうになった。（克子）

体育の時間、とび箱をしました。二回練習してとべない子が四人いました。先生は「とべない人はまん中に集まりなさい」と言ったので、その四人がまん中に立ちました。先生に教えてもらって三人できるようになりました。あと一人ができなかったのです。ぼくは心の中で「がんばれ、もう少しだ」と思ったのです。その子もそれからすぐとべました。これで全員できたわけです。その時ぼくは「向山先生は、まじゅつしだ」と、思いました。何年かかってもできないものを、たった四分でとばせたからです。信じられないようなことを、向山先

生はやったのです。（秀正）

先生が「今、とび箱をとべなかった人、ここにならびなさい」と、おっしゃいました。そうすると、下をむきながら、四人が出てきてならびました。先生は四人の人を一回ずつとばせました。四人は、とび箱の上にまたがってしまいました。

先生はこんど、とぶ人のおしりをおしました。とぶ形をしてぴょんとおりることをくり返しました。また、一人でやることになりました。私は、目をぱっちりあけ、つばをゴクンとのみこみました。

「とんだ」と心の中で叫びました。他の二人も次々にとべました。とべた二人は、出てきた時みたいに下をむかないで、もう、ちゃんと顔をあげ、どうどうと歩いています。だけど、一人がとべなかったので、先生はその人をとび箱にすわらせて、とばせるのを二回ぐらい繰り返しました。先生はうなずいていました。私は、これでいいんだなと、その人を見つめました。

「ドン」、ふみ台の音が強くひびきました。その人は、とべたのです。それも、たった、四、五分しかかかってないのです。

私はびっくりして、その人と先生に拍手をしました。私は先生が私たちをよくしてくれる

のだから、私もがんばらなくてはいけないと心で思いました。（明江）

他人の成長をわがことのように喜び、困難をのり超えた友人と同じように自分も何かに挑戦しようと思い始めた子供たちの心の動きが、ここにはよく表れている。

できる子とできない子の差が、教室の中では固定しがちである。子供の社会にある、できる子を頂点としてできない子を底辺とした社会構造は、ともすれば子供に宿命的なものとして受けとられるほどである。

それは、できない子にとって宿命的な動かしがたいことであると共に、できる子にとっても動かしがたいことと思われるのである。とこしえに自分が優位であると信じ込むほどに……。そうした学級では、子供の動きが乏しく、努力もあまり見られず、したがって学級の水準は高くはならない。

きたえられてない子は弱く、もろい。クラスの中で腕白で通っている子でも、学校全員の前で舞台に立たせると、しりごみをしてしまう。舞台のうしろへ下がっていく。ダンスを踊らせても、照れていて踊らない。心がきたえられていないからである。

「できない子」をできるようにするのは、「できない子」だけのためではない。子供にとって宿命的ですらある固定的な構造を変えていくことによって、「できる子」もまた、変わり始めるからである。

考えてみれば、たかが跳び箱を跳ぶだけのことである。しかし、たったそのことでさえ、自分の道をオリンピックにつなげる人もいれば、自分にはできないというあきらめの一つとして体験をひきずる人もいる。

たかが跳び箱だが、今まで跳べない子がそれを跳んだ時、その子にとっては涙が出てくるほどうれしいことであり、自信の回復につながることになるのだ。それを見ている子にとっても、驚きと自分も何かに挑戦しようという励ましを与えるのである。

たかが、跳び箱のことである。しかしぼくは、学級の全員を跳ばせられると自信をもつまでに、五年間の年月を必要とした。

教育の仕事は、もともと時間がかかるわけだから、手品のようにはいかない。

二五メートル泳げるようにさせるには、それなりの労力も時間もかかる。その労力を払う苦しさは、本人と教師しか分からない。泳ぐ距離が十メートルから十五メートルになっただけでも、そこに払われた労力と時間の大きさゆえに、子供は全身で喜びを表す。しかし、本人と教師以外は、ごく身近な母親でさえ「まだ十五メートルなの？　もっとがんばりなさい」と、こともなげに言う。そこに払われた一人の子供の労力と苦心に対して、一言で終わる。そしてしばしば、親は頂上を見て子供をせきたてる。

しかし、教師は子供を教育する場合一歩一歩しか前進できない。いや、一歩進むのさえぼくは全力を傾け、全精神をすりへらす。それが仕事というものだと思う。たかが跳び箱である。そんなささやかなことでも、確実に、全員に、できるようにさせるためには、ぼくには労苦の年月が必要だった。

教師のプロとは、そういう一歩を進ませられるかどうかなのだと思う。そんなささやかな前進に、全力を傾ける職を選んで、ぼくはよかったと思っている。

それほどの労苦をはらわなくても、九九パーセントはできるのだと思う。しかし残りの一パーセントができないのだ。残りの僅か数ミリができないのである。しかしその一パーセントが、その数ミリが、どれほど大きな差なのかそのころぼくは気付き始めていた。わずかな差の中に多くの努力ときたえが入っているのである。どれほど才能がすぐれ、どれほど持ち味がよい人でも追い付くことができぬ技量の差が、厳然と存在しているのである。

「一時間で跳ばせます」という境地に、ぼくも立ってみたかった。それは、単に跳び箱だけのことではなかった。子供の可能性を信じ、自分のいたらなさを鞭うち、一つ一つの仕事をやりとげていく中でしか言うことのできない境地であった。

跳び箱運動を極限近くまで分析し、一つ一つの内容を吟味し、どうすればよいか考えた。自分の考えたことを子供に伝えることがまた大変であった。「助走に気を付けなさい」という助言は、助言ではないのである。何も言ってないのに等しい。どのように気を付けていいか分からないからだ。つま先を中心とした足の裏がしなやかに、床を踏みしめるように走らせるのには、具体的な内容を説明した上で抽象化し、イメージ化して伝えなければならなかった。その言葉が、なかなかさがせないのである。当てはまりそうな言葉を次々に使ってみた。言葉によって子供の動きはちがっていた。泥沼でものをさがすように一つ一つの言葉を見付けていった。

かくして五年、「跳び箱が跳べない子だけを集めて、一五分で跳ばせられる」と、言えるようになっていた。

ぼくが最終的にたどりついたのは、次のようなことであった。

跳び箱が跳べない子は、腕を支点とした体重の移動ができないのである。それは、自転車に乗れない子が乗っている感覚が分からないのと同じである。自転車の荷台をつかんでやって走らせればやがて感覚をつかめるようになる。

それと同じである。跳び箱が跳べない子にも体重の移動を経験させてやればいいのである。

ぼくは、次の二つをやる。

一つは、A図のように、跳び箱をまたいですわらせるのである。そして手を着いてとび降りさせるのである。「跳び箱を跳ぶというのは、このように、両腕に体重がかかることなんだよ」と、説明をする。

もう一つは、B図のように、とび箱の横に立っていて、助走・踏み切りをして着手した子の腕を片方の手でつかんで体を支え、もう片方の手でおしりを持って跳ばせてあげる方法である。子供が重すぎる時は、二人が両側にいて腕やおしりを支えてやってもいいのである。

ぼくの経験によれば、Bの方法を四、五回くり返せば、七割ぐらいの子は跳べるようになる。A・B両方でやれば、九割五分ぐらいはできるようになる。中には大変な子もむろんいた。

あるクラスでたのまれて行った時だった。一人の男の子が助走のリズムがとれないのである。踏み切り板に両足をそろえるまでの助走ができないのだ。ぼくは、その子と、何度も何度も一緒に走った。一緒に走ってやると、リズムがとれてくるのだった。次に、A・Bのやり方でしたのだが、どうしても止まってしまうのである。多くの子供の目がぼくに注がれていた。今までできなかった子が次々と跳べたのに、その子だけが残っているからだった。今まで一〇〇パーセントできてきたのだが、その時はそういかなかった。ぼくの力をす

A

B

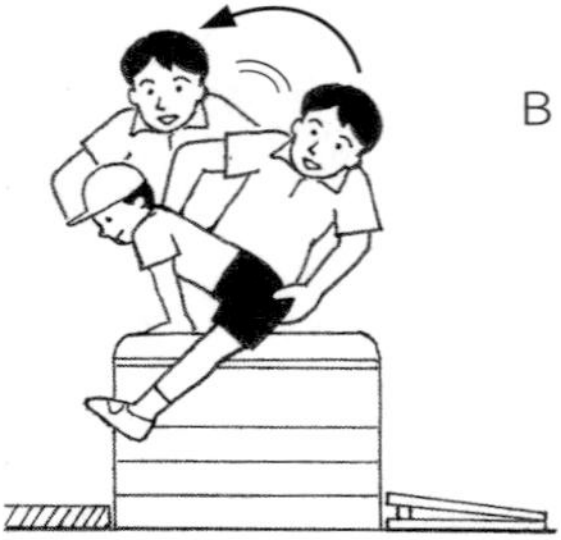

べて出したと思ったがそれでもできなかった時、なりふりかまわず考え付くことをさらに試みるしかないと決意した。難病や原因不明の病気の人に、医者が時として何種類もの薬を与えるようにである。ぼくの姪は、全身の痛みを訴え、血液のガンらしいと言われながら、七種類もの薬を飲まされて、直ったことがある。患者を目の前にした医者は、手をこまねいていてはだめなのである。とにもかくにも、治療をしなければいけないのだ。

教師もそれと同じだと思う。できない子を前にして、自分の力がおよばなかった時、それでもなお、とにもかくにも教育をしなければいけないのだと思う。

走ることとさえ満足にできない男の子を前にして、ぼくはあれこれと瞬時に思いをめぐらした。ぼくは床にはいつくばって、馬になってぼくを跳ばせてみた。子供の脚が、ぼくの頭や体にぶつかり、痛かった。何でこんなことまでする必要があるのかという思いが頭をかすめた。ぼくだって、やっぱりかっこよくしていたいのである。しかし指を踏まれ、けとばされているうちに跳べるようになった。再び、跳び箱に向かわせたが、だめだった。

ぼくは、跳び箱の上にまたがって子供に自分の胸に跳び込ませた。「もっと強く。もっと強く」「先生を飛ばしちゃうぐらい」と言いながら。子供の顔に汗がしたたり落ちていた。何度も何度も、その子は、ぼくの胸に跳び込んできた。そして再び跳び箱でやらせてみた。

今度は、跳べたのである。見ていた子供たちも大きな拍手をしていた。跳び上がって喜んでいる子もいた。

ぼくたちの研究会の友人や、学校の仲間が、AとBの方法でやってみてみんな跳ばせられるようになった。「全員跳ばせられる」というのは、誰でもできることなのである。しかしそれを人前で言えるまでには、やはり、A・Bの方法でもできない子供をどう指導したかという、一つ一つの仕事の積み重ねが必要なのである。

## (2)「日曜だけが好き」だった子

始業式が終わって、子供たちとの初対面となった。アスファルトの中庭でぼくをとり囲むように子供たちを半円状にすわらせた。初めての卒業生を送り出したあと、ぼくは四年生の担任として子供たちと向かい合うことになった。ぼくは二七歳であった。前の担任は年輩の女の先生だった。子供たちの表情が乏しいのが気になった。

初対面の時間は二十分くらいしかなかった。一人一人の名前を呼び、立ってもらった。名前は昨日までに覚えていた。顔を覚えるのが今日の仕事であった。

「吉岡栄子さん」「吉岡栄子さん?」「吉岡さんはいませんか?」

何回か呼んでから、やっと返事をした女の子がいた。顔は洗ってこなかったみたいに汚れていた。賢そうな、機敏そうな目をしていたが、なぜか真っ赤になってうつむいて、消えいりそうな声で返事をしたのだった。

元気そうな男の子たちが何人か大声でぼくにしゃべった。「先生！　その子は授業中に脱走するんですよ」「授業をしないで体育館の裏にかくれちゃうんですよ」「前の先生がいくら注意してもきかなかったんですよ」「時々ずる休みをするんですよ」……。

聞くに耐えない言葉が続いた。

「うるさい！　俺はそんなことは聞きたくない。人の悪口を言う奴は嫌いだ。まして、先生に告げ口する奴は大嫌いだ」とぼくは大きな声で怒鳴った。何ともやり切れなかった。子供たちの底意地の悪さが何ともがまんできなかった。怒鳴ったとたん、子供たちはびっくりしたように口を閉じた。

ぼくは翌日、子供たちに三つの話をした。当時の学級通信には次のように書かれている。

私は子供たちに三つの話をしました。

第一は、どのような科学であれ芸術であれ、失敗の連続の中から創られてきたことを話しました。失敗こそ、まちがいこそ、人類を高めてきた要因であることを強調しました。だから、失敗をするのは悲しむべきことではなく、失敗を恐れることこそ悲しむべきだと話しました。

第二は、人間の可能性について言いました。どの人間でも、かくれた才能と可能性をもっていること、そして資質、才能は知識を獲得する早さで競争してはいけないことを話しました。世界的な数学者でも、小学校の算数は1であったことがあること、なぜなら彼は他人が三〇分で理解することを三日もかかったこと、だからこそ基本的・本質的な力が付いたことなどを話しました。

四年生になったばかりであり、自分は馬鹿だとか、自分はだめだとかいう必要はないのだと話しました。そんなことは、自分が死ぬ時に考えればよく、生きているうちは、一歩でも二歩でも前進することを考えるのだと話しました。

第三は、教室目標として次のことをかかげ、説明しました。

> 教室とは、まちがいを正し真実を見付け出す場だ。
> 教室は、まちがいをする子のためにこそある。
> 教室には、まちがいを恐れる子は必要ではない。

話をしている時、子供たちの顔がだんだん真剣になってくるのが感じられた。もの音一つ立てず、目を大きく見開きまばたきもしないでぼくの方を見ているのだ。

あとになって、「子供が『先生がまちがいをしてもいいって言ってたよ』と、喜んで家に飛び込んできました」と何人もの母親から言われた。

次の時間、班を作って班長を決めることになった。「今までどのように決めていましたか?」とたずねると「選挙で決めていた」と言う。ぼくは子供たちの選挙というのは、まやかしだと思っている。人気投票とほとんど変わりはないからだ。「優等生」と「劣等生」の間の溝を固定化させてしまう装置だと考えている。古代ギリシャの初期のころは、元老院の選出をクジ引きでやっていた。選挙をすると人気、その他による差別をもたらすからだという。

「先生は選挙ですると、どうしてもなれない人が出ると思うので、ジャンケンでやってもらいます」と話した。「やだあ、そんなの」と、いつもなっているらしい賢そうな子供たちが言った。しかしぼくは、強引に押しきった。「班長はなりたい人たちでジャンケンで決めます。なりたい人はいませんか?」と聞いた。七人ぐらいが手を挙げた。「班長は誰でもできます。先生がついているから大丈夫です」ともう一度言うと、一二、三人が手を挙げた。やってみたい子は多いのだ。しかし選挙ですればなれる可能性のある子は限定される。何度立候補してもだめな子はいつしか〝あきらめ〟を心に住みつかせてしまうのである。「絶対になれない」と分かるころから、子供は立候補をしなくなる。その点〝ジャンケン〟は、子供たちにとって、完全に平等な選出方法なのだ。

一二、三人手を挙げている中を歩いて、ぼくは吉岡栄子の机の横にしゃがみこんだ。みんなは何事だろうとぼくを見ている。吉岡栄子は真っ赤になってうつむいている。「あなたは、どうして班長に立候補しないのですか?」とぼくは吉岡にたずねた。異様な空気が教室を走りぬけるのを感じた。「何ということだ、あの脱走ばかりしている、やっかいもののみそっかすの吉岡に先生は一番最初に声をかけて、しかも班長に立候補しろというのだ!」子供たちはそう思っているのだ。吉岡はますますまっ赤になってうつむいた。ぼくは熱心にすすめた。「吉岡さんは、班長やりたいなあと思ったことが一回ぐらいはあるでしょう?」彼女はこっくりとうなずいた。「それなら立候補しなさい。大丈夫! 向山先生が吉岡さんには付いてます。班長なんか誰でもできるのです」教室中が緊張していた。空気まで息をひそめていた。彼女は立候補すべく、手をそろそろと挙げた。彼女に思い切らすように大きい声でぼくはクラス中に呼びかけた。「さて! 吉岡さんが立候補した。あと一回だけ聞きます。班長に立候補する人、手を挙げなさい」

クラス全員、一人残らず、三三名の手が天井に突きささるように挙がったのだった。

一人一人にぼくが話しかけてもこうはいかない。吉岡が手を挙げたからこそ、他の子も手を挙げたのである。こうしたドラマを、一つまた一つと創り出すのが教室なのだ。教室中の空気がこの瞬間から変わったのだった。

ある女の子は、その時のことを日記の中で次のように書いている。

四月七日に班長を決めた。ジャンケンで決めた。先生が「選きょでやらない、ジャンケンできめる」と、言ったからだ。

私は班長に立候補した。「だれにでもできる。自信をもってやってみろ」と言われたからだ。ジャンケンをした。勝つか負けるかドキドキした。青野くんと大下くんが負けた。次に土田さんが負けた。決勝戦は平山さんとだ。「アイ・ケン・チー」。私が勝った。とってもうれしかった。

ぼくは「仲良くしなさい」とか、「いじめちゃだめだ」とかいう話をしたことがない。そんなことを百回言うより、いじめられている子の力を伸ばし、いじめている子の考え方をきたえていった方がいいからだ。みんなの力が伸びている事実が、子供を変えていくのだ。母親たちが後日、「始業式の頃子供たちは無口になり、そして、あれっというまに目つきが変わり話す内容が変わってきた」と話してくれた。たったこれだけのことであるが、どこかで一人一人の心の奥底にふれるような大事件であったにちがいない。そして一年、クラス替えのための〝クラス解散パーティー〟が教室で行われた。キャンドルサービスの輪の中で、ローソクの灯りのまたたきの中で、たくましく成長した吉岡栄子は次の作文を朗読し、参加した母親たちの涙を誘った。

三年の時は、いちばんきらわれものだったのでした。いつも泣かされていました。朝の話しあいの時は、ひどくいじめられました。だから、あまり学校へ行きたくありませんでした。こんなことをやるのなら、家にいたほうがいいなと思いました。

三年の時は、勉強ができないからいじめられました。あまり友だちができなかったのでした。いやだなと思いました。

私が一番好きなのは、日よう日でした。日よう日は、私は学校へ行かなくていいからです。だから、日よう日が好きでした。

私が一番いやなのは月よう日でした。朝礼があるからです。朝礼があると、みんなにへんな事を言われるからです。だから、朝礼はあまり好きではありませんでした。教室に入ると泣かされました。だから教室へは入りたくありませんでした。私は、早く三年がおわればいいと思っていました。

四年になって向山先生のクラスへ私は行きました。先生は、はじめに私にわらいかけました。五班になりました。木田君と戸山君と坂本くんとさいとう君と私でした。

先生は、私に、班長にりっこうほしろといいました。びっくりしました。考えてもいなかったからです。「だれにでもできる。先生がついているから大丈夫だ」といいました。みんなの前で私だけにいうのです。ほとんどの人がりっこうほしました。私もしました、向山先生は、百人一首を教えてくれたりしました。もう泣かなくなりました。何をしても、とってもおもしろいと思いました、勉強って、こんなに楽しいのかと思いました。友だちもできて、学校ってこんなにおもしろいのかと思いました。

この吉岡栄子を、五年・六年とも担任をした。スポーツが得意で、百人一首も全部おぼえて源平戦をすると強い方であった、毎日毎日の努力の持続に難があったが、六年になると日記をきちんと書くようになっていた。卒業によせて、彼女は次のような文を書いた。

六年一組って何だろう？　六年一組って、差別をなくすクラスであり、一人一人が助けあうクラスだと私は思っている。

〃クラス解散・卒業パーティー〃楽しかった。悲しかった。もう一年してから卒業だと思いたい。解散パーティーの時、向山先生が言ったことばを思い出す。「もしも、このまま、いつまでもいっしょだったら、おまえたちは、他の人々と知りあえなくなってしまう。別れがあるからこそ人の世は美しく、出逢いがあるからこそ人の世はすばらしい。」

私は中学へ行ったら、きっと自分で努力しようと思っている。何があろうと負けないで、最後までやり通そうと思っている。

中村先生が教えてくれたことばがある。「努力すればむくわれる」ということだ。私は頭がわるいから、「努力すればむくわれる」というのはちがうかもしれない。でも私は、このことばが大好きだ。私は中学へ入ったら、一日に二時間ずつ勉強しようと思っている。

私は詩が大好きだ。書くことは苦手だが、おぼえることはとくいだ。私は詩を先生に送ってみたい。先生、私は中学へ行っても、詩・日記を出すつもりです。先生、その時は見て下さい。

「みんなで仲良くするんですよ」と、話して聞かせてその通りになるなら教師はいらない。何百回言おうと、よくならない方が多い。そんな時教師は「あれほど言って聞かせているのに」と思い、他に原因を求めがちである。子供のせいにし、親のせいにし、地域のせいにし……。

根本を変えなくてはいけないのだ。人間の心の奥底がゆすぶられ変革される時、その表面の現象はまたたくまに解決されるものなのである。それをするのが、プロの教師なのだ。教師はどれほどそれが大変でも、自分にむち打つことで、困難を越えていかなければいけないのだと思う。

吉岡栄子の話をもう一つ付け加える。四年生を受け持って二週間がすぎた頃の算数の時間である。かけ算九九を大いそぎで復習し、全員ができるようになったところで次の問題を出した。

三四名のうち三名がこの問題をまちがえていた。

```
  34
×  3
```

A児

```
  34
×  3
  72
```

B児

```
  34
×  3
 912
```

吉岡栄子

```
  34
×  3
  12
 102
1032
```

子供のまちがいは、まるでデタラメというのはない。デタラメはデタラメなりに筋を通している。したがって、考え方までさかのぼって間違いを正すのでなければ、何度でも同じまちがいをくり返す。七の段のかけ算九九が不十分であれば、かけ算・わり算の計算は何度やってもまちがえる。まちがいの原因を見付けてやればすぐできるようになる。逆に放置されていれば、自信をなくさせ、本当に落ちこぼれにしてしまう。

この三人のまちがいの原因を、子供たちに話し合わせた。他人のまちがいを検討することによって、理解をより確実にしていける場合も多い。思いもかけない考え方を知ることによって、多面的に考えるようになる。まちがいの検討は授業には欠くことのできないものである。

「まちがえる子が分かるまで教えていると、予定が遅れてしまう」という意見があるらしいが、これほど話の分からないことはない。分からない子をクラスの中にかかえていれば、先ゆきさらに時間がかかるようになるからである。その場その場で解決すれば、時間も短くてすみ、他の人の勉強にもなり、こんなにいいことはないと思うのである。「予定が遅れてしまう」という人は、授業は教師がある内容を教え込む作業だと考えていると思える。授業は、教材を教え込むだけではなく、実は教材をめぐるさまざまな子供の思考の混乱を一つ一つ、整理し解決していくことを通して内容の理解に至る活動であるとぼくは考えている。

「まちがい」をどうするかという一つをとっても、そこには授業に対する考え方の違いがあるような気がしてならない。

三人の子供たちは、ぼくたち大人から考えれば、思いも付かない考えをしていたのである。

Aの子は　4×3＝12　の計算をしたあと、3＋3＝6　と計算しているわけである。34×3　の計算は、かけ算とたし算で成り立っていると考えていたわけである。

Bの子は　4×3＝12　と　3×3＝9（実は30×3＝90）をそれぞれ独立して計算したのである。位取りの理解が不十分なことがまちがいの原因である。

吉岡栄子は　4×3＝12　をやり、改めて再び　34×3　の計算をしているのである。いつからか知らないが、二桁かける一桁のかけ算をそういうものだと信じ込んでいたのである。「今までずっとこうしていたの？」と聞くと、こっくりとうなずいた。その表情がいじらしかった。

一年あまりの間、この子は同じまちがいをくり返しくり返し続けていたのである。何ということなのだろう。きっと算数の点も悪かったにちがいない。自分は、できないと思ったにちがいない。教師はいったい何をしていたのだろう。点数だけで見ていたのだろうか。一歩踏み込んでみようとしなかったのだろうか。ぼくは、同じまちがいを四年くりかえしていた子に出会ったこともあった。なまくらな刀が鋭敏な肌を切りさいてきたような残酷な事実であった。

まちがいをみんなで話し合ったところで　43×4　の問題を出した。今度はAの子もBの子もすぐにできた。吉岡栄子だけがまちがえていた。クラス中で吉岡のまちがいを予想させた。みんなは、吉岡のまちがいをすぐ言い当てた。

$$
\begin{array}{r}
43 \\
\times \quad 4 \\
\hline
12 \\
172 \\
\hline
1732
\end{array}
$$

と、計算していたのだった。

もう一度、この計算のやり方を説明した。吉岡はぼくの言うとおりに計算をやるようになった。自分の殻を脱ぎすてて、ぼくの言うとおりに素直に応じた。全員ができるようになった。これだけで一時間かかっていた。

それから二日後、次の算数の時間である。

34×33　の問題を出した。一人残らず、全員ができていた。続いて　344×432　の問題を出した。早くできた子は「できました」「できました」と声を張り上げていた。早くできることが得意であるらしかった。ぼくはそのことが気になったが、その場は黙っていた。「できました」と言わなくてもいいと現象面を直してもしょうがないからだ。早くできることはよいことであり、幅の利くことであるという子供たちの考えを、根本において訂正させなければしょうがないことだからだ。

　この問題は、七名の子がまちがえた。しかし、全員次のところまではできていたのである。

```
    344
×   432
    688
   1032
  1376
```

　つまり、かけ算は全員できているのである。たし算で七名もまちがえているのだ。しかも早く「できました」と言っていた子の方がまちがいが多い。早くするために書き方が乱雑になり、位取りがずれたりしているのだ。AもBも吉岡も、この問題はできていた。

「早くしなくてもいい。ゆっくりでいい。計算はいくら早くてもまちがっては何の価値もない」と話した。まちがった子は、ばつの悪そうな顔をしていた。実はこの種のまちがいは「ウッカリミス」とよく言われる。しかし、これは実力なのだ。一つ一つのことに対していねいに、全力を挙げてやる子には見られない。何をしても中途半端であったり、雑である子に多い。「忘れ物とウッカリミスは比例する」と、ぼくは子供に言う。今まで、いいかげんにやっていたことの結果なのだ。「ウッカリミス」はその場の心がけだけでは直らないと思っている。

次に「今度はむずかしいぞ。教えてないがよく考えてやれ。習った通りにやればいい」と言って 405×707 の問題を出した。ところが、ひときわ高い声で「そんなの簡単だ」と叫んだ男の子がいた。さらに何人かの男の子がそれに続いて「簡単だ」という。自分は勉強ができることを他人に誇示したいのだ。きっと、今までも授業の時に、このように、わがもの顔でふるまっていたにちがいないのだ。こんな謙虚さに欠けた、低級な態度を教室に横行させてはいけない。その本人にとっても不幸なのだ。しかし、こうしたことは、事実で変えていかなければならない。事実で変えていける授業のできる教師にならなければならない。こみあげてくる怒りを押さえ「今言った言葉を忘れるな」、と、荒々しい言葉で返した。

やっと、少しはまちがいも平気でできるという雰囲気ができたのに、「ぼくはできる」「簡単だ」という言葉で教室の中が重苦しいものになってしまった。机の間をまわっている時に、ぼくはあることに気が付いた。「やったあ」と心で思って、おごそかに仕掛けた。

「さて、黒板に七名出て書いてもらう。できる子の代表六名、できない子の代表一名にする」

と、ぼくは言った。ことさらに「できる子」と「できない子」を強調した。次への伏線であった。
「やさしいと叫んだ男子はさぞできていることだろうから、やってみなさい」と、指名した。
できるといわれた男の子は少々照れくさそうに、しかし得意然として出てきた。できない子の代表は、かけ算の初めの授業で最後までまちがえた吉岡栄子がなった。

```
男子A
   405
×  707
  1815
 2815
 29965

男子B
   405
×  707
  2835
     0
 8205
 84885

男子C
   405
×  707
  2835
  000
 2835
 31185

男子D
   405
×  707
  2835
     0
  2835
  5660

男子E、F
   405
×  707
  2835
 2835
 31185
```

男子は全員まちがえていた。むろん、まちがえた子だけを指名したからである。簡単だと思うからあなどる。Bの子やDの子は、しゃれたつもりなのだ。三年生の時の指導要録で算数は4の子であった。いわゆるできる子なのである。だからこそ、いい気になり、それにおぼれる。この問題は　0×5　0×0　などを、他の場合と同じように原則どおりきちんと書いていけばいいのだ。

しかし、このできる男の子たちは「新しい知識」として断片的に知っており、だからこそまちがえた。

吉岡栄子は次のように黒板に書いた。

$$
\begin{array}{r}
405 \\
\times \quad 707 \\
\hline
2835 \\
000\phantom{0} \\
2835\phantom{00} \\
\hline
286335
\end{array}
$$

この子は忠実に習った通りをやったのだ。5×0　0×0　4×0　を律儀にきちんと計算し、二段目にゼロを三つ並べた。男の子たちは、そこを自己流に解釈するか、うまい方法でやろうとしてまちがえた。ぼくは男の子たちに、毅然とした口調でたずねた。「君たちはさっきやさしい、簡単だと言った。しかし君たち六名はまちがえ、吉岡ができていた。しかも吉岡は君たちも知っているように前の時間まで、二桁×一桁のかけ算もできなかったんだ。前の時間、クラスで一番できなかった子よりも君たちはできなかった。ところで、君たちの感想を聞かせてくれ」

六名は下をむいて青ざめた顔をしていた。ぼくから強く言われ、ある男の子は顔をゆがめ涙をこぼしながら「くやしいです」と一言言った。他の男の子は、「吉岡さんは、すごいです」と言った。この信じられない出来事に、教室中はシーンとしていた。子供たちの中で、何かがガラガラと音を立てて崩れていくのが、聞こえてくるようであった。

「できない」と思われていた子によって、クラス全体の前進が開始されたのであった。それは、その子たちにとって、今までに経験したことのない世界への出立であった。

その後、二学期になり、山野という男の子のお母さんから手紙をもらった。ぼくは、毎年母親からファイル三冊分ぐらいの手紙を受け取るが、その中でも印象的な内容であった。


学級通信一〇〇号を見ました。子供の詩を読んでいるうちに、我が子の名前が出てきました。見間違いかと思いよく見直しましたが、まちがいないので、嬉しくてなりませんでした。

先生の方に向かって、心の中で何度も「有難うございます」と手を合わせました。

主人に見せましたところ、私が初めて見るような嬉しそうな顔をしていました。

「正史、えらくなったなあ」と、ほめていました。

この時に、子供が言うのです。

「ぼくの事を、もう勉強が出来ないって心配しないでいいからね」

我が子の口から、この言葉を聞いたとたん胸の奥が痛くしめつけられました。「心強いことを言うようになった」と主人も言っていました。

あんなに遅れていた子を、見離されていた子を、これほどまでにしていただき、何と感謝の言葉を言っていいのか分かりません。いつまでも先生のクラスであるようにと、毎日神様に祈っております。ほんとうに、ほんとうに、ありがとうございます。

家庭訪問の時に、「先生の方に足を向けて寝られないのです」と語っていた。そんな形で感謝の意を表されたことに、とまどいと、人の子の教師としての重みを感じたのであった。

### (3)「台形の面積を五通りの方法で出しなさい」

五年生に台形の面積を教えようとした時期だった。

ある男の子が休み時間にやってきて、得意そうにぼくに話した。「先生。ぼく台形の出し方知ってるよ。上底＋下底×高さ÷2でしょう。」

予習してくる心がまえは、ほめてやるべきことだった。しかし、時としてこういうことが、学習に対する新鮮さを失わせることも事実だった。

「それは、えらいね。立派なことだよ。どうやって勉強してきたの」と、たずねた。

「塾で教えてもらったの」と、その子は答えた。

どうやら、公式を暗記してきたみたいであった。

公式を覚えるのは無論大切なことである。しかし、もっと大切なのはその内容である。

碁や将棋の定石と同じである。ぼくは、どちらも少々だけどや

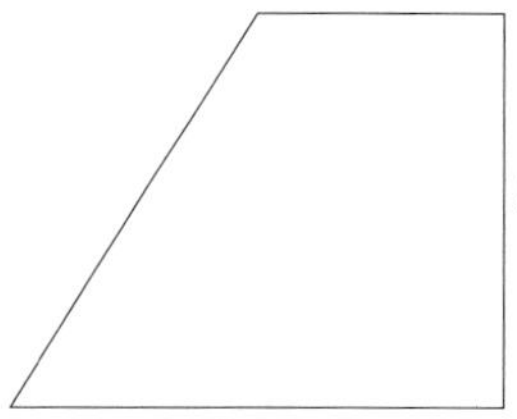

る。碁はおそらく三、四段であろうか。しかし、定石はあまり知らない。一時期覚えたこともあったが、やがて原理だけ学ぶことにした。したがって定石は、ほとんど覚えていない。初段くらいの人の方が定石にくわしい。「なるほど、そう打つものですか」といつも感心させられる。しかし、その人たちは、定石に流れている考え方について、ほとんど分かってない場合が多い。どんな場面でも、同じ定石を使う。条件によって、定石の意味は変わるのにである。

公式を暗記だけするのは、定石を暗記だけするのと似ている。応用がきかないし、力もあまり伸びない。授業中では、その中味を詰めていかなければならない。

「君たちは今までに四角形の面積のもとめ方を習いました。そして、四角形の面積を使って、三角形の面積をもとめる方法を考え出しました。今日は、台形の面積のもとめ方を勉強します。今まで勉強した方法を応用して、次の台形の面積を何通りかの方法でもとめなさい」と言って、前頁のような図を黒板に書いた。

「何通りでもいいのです。多い方がいいのです」と、念を押した。

公式を暗記してきた子は、とまどったような表情を見せた。いいところを見せられると思っていたのに、思いがけない問題を出されたからであった。クラスの子は一斉にノートに向かっているのに、何人かの子はしばらくの間ぽかんとしていた。

台形の面積は当たり前のことながら、三角形と四角形の面積が出せればできるのである。ただ、少しだけ能率よくするために、公式があるにすぎない、ところが、塾で教わってきた子供たちにとっては、三角形・四角形・台形の面積の出し方は、それぞれ独立したものであり、ばらばらなのである。台形の面積の公式を使わなければ、できないものと思い込んでいる。

「黒板に出て書いてください」と言うと、われがちに十人もの子が黒板に出て答を書いた。次の五通りの解が出されていた。

①

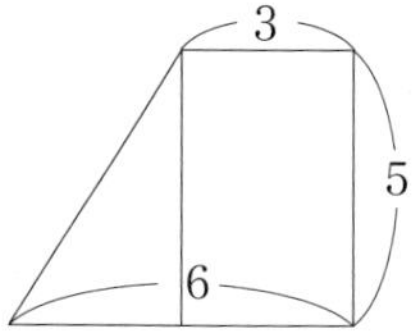


$3\times5+3\times5\div2=22.5$

②

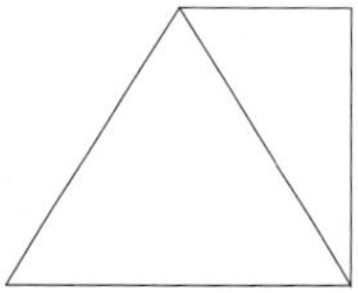

$(6\times5+3\times5)\div2=22.5$

③

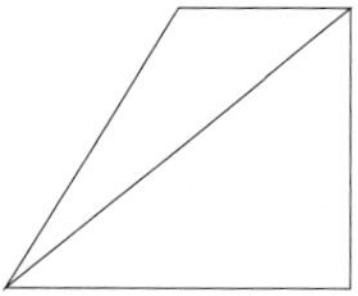

$(6\times5+3\times5)\div2=22.5$

④

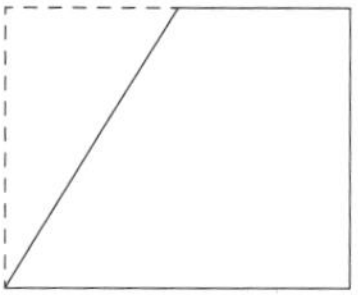

$5\times6-3\times5\div2=22.5$

⑤

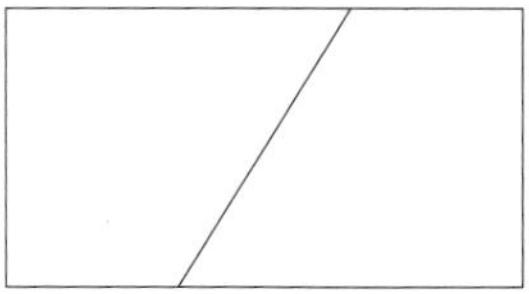

$(6+3)\times5\div2=22.5$

台形の面積の出し方を習ってなくても、解けるのである。公式を知っている子と比べても、それを解く時間の差は一分間もないほどなのである。

⑤のやり方を説明してから、台形の面積の公式を説明した。ものの二分ぐらいで終わってしまった。練習問題を何問か出したが、全員正解であった。基本の上に一つ一つの応用を積み重ねていくことが、遠まわりなようだけど実は近道なのである。「優等生」におんぶした形での授業からは、決してこういうことは生まれない。子供たちは、自分で考え出した満足感と、そして、自分でもできるという自信と、原理まで踏み込んだ理解とを得るのである。公式を丸暗記だけさせる授業は、プロの授業ではない。それは、時間もかかり、満足感も充実感もなく、「優等生」や「知っている者」だけに思い上がりを残してしまうのである。

ちなみに、ぼくの学級では試験に市販テストを使用しているが、平均点はほぼ九五点ぐらいである。四年の時まで一〇〇点をとったことのない子が次々と一〇〇点をとって、初めのころは、跳び上がって喜んでいた。

五年生の担任が出張中で補教に行った時のことであった。社会科の授業で、子供たちは白地図に平野や川の名を書き込んでいた。

担任は生活指導主任をしている四十歳をすぎたどっしりとした先生だった。子供や親の評判も良かった。

「授業をしますから、作業をやめてください」と、ぼくは言った。補教に行った時、ぼくはよほどの事がない限り授業をすることにしている。そうすべきなのだという考えとともに、一時間こっきりの、飛び込みの授業が楽しいせいもあった。授業のあとでその子たちに会うと「また授業に来てね」などと、よく声をかけられた。

その時は、地理の授業であったので、次の問題を出した。

「日本で一番りんごを生産する県はどこですか。」

何人かの子供がサッと手を挙げた。自信に満ちた顔だった。

「青森県です。」

指名された女の子が、得意そうに答えた。

「そうですね。青森県です。地図帳を広げてみましょう。津軽平野で一番多く生産されているのです」と、説明を加えた。

「それでは、なぜ、青森県は日本一のりんごの生産地になったのだと思いますか」と、質問した。これが授業してみたいことであった。

前より少なくなったが、何人かの子が得意そうに手をサッと挙げた。

「気候が適しているからです。」

「優等生」らしいその子ははっきりと答えた。その答えを聞いて、他の子はみんな手を下げた。「他の人も同じなのですね」と、ぼくは念を押した。ここまでは教師が発問をして、何人かの「優等生」が答えるという、ありふれた場面である。実は、ここから本当の授業が始まるのである。「優等生」の頭は、たいしたことがないというのを示すことから、本当の授業は出発するのである。

「今の答えが正しいかどうか、事実を調べてみましょう。地図帳のうしろについている資料を出してください。日本各地の平均気温や降水量がのっていますね。よく比べてください」と子供たちに言った。

しばらくの間、子供たちは数字を見詰めた。

「あれっ。北海道や東北地方は、ほとんど変わらないや」と、元気そうな男の子が意見を発した。次々と同じ意見が出てきた。

「でも、少しちがうからじゃないか」と誰かが言ったが、すかさず「北海道や、長野だって、りんごはたくさん生産されているよ」と、反論がはねかえった。

ぼくは子供たちの声を引き取って、

「そうだよね。青森でも長野でもたくさんのりんごが生産されている。そうすると長野より北は、ほとんど同じ条件ということになるんだ。青森県の津軽平野で、どうして日本一のりんごの生産高があるのかは、気候が適しているからだけじゃないよね」と、ぼくは説明した。

答えた子に、「あなたは、どうして気候が適していると思ったのですか」と聞くと、「参考書に書いてあったから……」と、その子は小さい声で答えた。

「参考書で勉強するのも大切だけど、もっと大切なのは自分の頭でまず考えてみることだよね。事実を一つ一つ確かめたり、考えたりしてみることだよね。

さあ、参考書はあてにならないことが分かったから、自分の頭で考えてみよう。思い付くことは何でもいいから発表してごらんなさい」

ぼくは子供の発言をうながした。

「本当に、何でもいいの」と言いながら、一人が発表すると次から次へと意見が出された。

「鉄道があるからだと思う」という意見が初めに出された。

「とってもいいことだよ。そうすると長野以北で、しかも鉄道が通っている所ということで、ずいぶんせばめられるよね」と、ぼくはことさらにほめた。

「とにかく、商売だから、もうかるんだと思う」と、ある子供が言った時に、みんなドッと笑いころげた。

「それも、大切だ。どうしたらもうかるのかな」と質問し、商品作物が一地域で集中して作られることによって、価格が下がることをおさえた。

どの意見もどの意見も、認めていった。何を言っても認められたから、子供たちは、面白いように意見を続けた。自分のクラスの場合は、ぼくは一言もはさまないで意見がまとまるまで待つ。子供同士で、意見をまとめあげる。補教に行ったクラスなので、一人一人の意見をその場で認め、表面的な現象にかくされている事実にふれていったのである。

かくして、明治の初め日本に入ってきたりんごを生産するための条件が青森にあったこと、つまり、冷害地帯であり(米以外の)他の作物への転作を考えていたことや、大土地所有制が存在し、大地主がいたことを説明した。米づくりが安定している地方は、他の作物への転作は考えなかったし、果物生産は収入を得るまでに年月がかかり、したがって金持ちでないとできなかったことを説明したのだった。そして、それが日本中に広まるための重大な条件として日清戦争があったこと、北海道について生産高が二位であった青森が、日露戦争後の対露貿易の開始と共に、背後に青森港がひかえていた有利さによって、日本一の座を占めていったことなどにふれて授業を終えたのである。

実は昔、ぼくは教科書に、「気候が適しているため」という文があったのを変に思って、一週間くらいかかって調べたのだった。ほとんどどこにも載っておらず、青森県史の中に見付けたのである。

決まりきった質問をして、決まった子だけが答えるという授業とはちがって、一見当たり前に思えることを否定し「優等生」の答の底の浅さを見せつけるところから出発するこうした授業を、子供たちは喜んだ。

ある子は卒業の時、「一度やった先生との授業が、たまらなく面白かった」という手紙をよこした。こうした授業を、一つ一つと積み重ねることによって、「優等生」「劣等生」などということは消えていき、一人一人の子供の力が伸びていくと思うのである。


六年生の学級に補教に行った時である。算数の授業であった。教科書を見ると、交換の法則が出ていた。子供たちに聞くと、全員「分かります」と言う。

$a+b=b+a$　　$a×b=b×a$

が説明してあった。これを覚えさせるだけなら三〇秒もあればできる。しかし、それでは算数の授業とは言えない。内容を理解することと、覚えることは別だからである。

交換の法則を、一〇分以内でしか授業できなければそれはアマの授業であり、二時間でも三時間でも授業できて、はじめてプロの授業と言えるのだと思う。国語の授業が早く終わってやることがないという話を聞いたことがあった。漢字を教えて、言葉をおきかえて終わりの授業だった。これはもうアマの授業というより、それ以前の問題であると思った。

ぼくは黒板に　4＋2＝　と大きく書いた、子供たちは「この先生、何をやってるんだろう」というような顔つきで見ていた。

まじめな顔で、「できる人いますか」と聞くと、子供たちは手を挙げた。全員手を挙げていたので、一番おずおずとしている子を指した。

「6です」

と元気よく答えた。ぼくは大げさにほめた。「すごいなあ、世界のどこかには、1と2しか数を知らない民族もいるんだよ」などと言って……。

続いて　4m＋2＝　と黒板に書いた。今度もたくさんの手が挙がった。しかし考え込んでいる子も三、四人いた。

ある子は「6m」と答え、ある子は「6」と答えた。「そりゃへんだよ」と、手を挙げなかった子が言った。他の子も、すぐに気が付いて手をひっこめた。

「4円」と「2kg」を足すことはできない。同質のものではないから、加えても意味がない。それと同じなのである。

答えるとすれば、「できない」と言うか「4mと2」とそのまま答えるしかないことを話した。子供の顔が、だんだん緊張してくるのが分かった。

そして、次の四問を出した。

①4÷2＝

②4m÷2＝

③4÷2m＝

④4m÷2m＝

全問正解は一人もいなかった。特に、②や④を「できません」と答えている子が目立った。本当にできないのは③だけである。②も④も四年生ですでに習っているはずのことであったが、正解は五名だった。

「どうだ。少し自信をなくしたか？」

と聞くと、みんなうなずいていた。

「自信がなくなることは、大変いいことだ」と、ぼくは話した。自信がぐらついているのだが、子供の一人一人はぼくをくい入るように見つめていた。教室中が張りつめていた。続いて、次の問題を出した。

⑤4×2＝

⑥4m×2＝

⑦4×2m＝

⑧4m×2m＝

今度は、⑤も⑥も正解が多かった。しかし、⑦と⑧は正解は一人もいなかった。全員「できない」「わかりません」と答えていたのである。⑧は8㎡になるのである。

「みんなは、面積の出し方を習わなかったかい？」と、聞くと

「あっ！　そうか」と、おどろいたような声をあげていた。

「⑦はできるのです。なぜなら、かけ算では交換の法則が成り立つからです。4×2m=2m×4とすることができるからです」

と説明すると、今度もびっくりしていた。

「君たちは、a×b=b×aを習った時、『なんだ、簡単だ』と思ったでしょ。算数の原理はどれも簡単なのです。しかし、それを理解し、使いこなすのは大変なことなのです。どれほど、簡単に思えることでもしっかり勉強してください」

と言って、楽しい一時間を終わった。

子供たちは口々に、

「面白かったです」

「先生、また来てください」

と、教室を出るぼくに声をかけていた。

## 2　教師と問題児

### （1）天井裏から音が返った――登校拒否――

「登校拒否の子供がいるのです」と、前担任から引き継いだ。三回目の五年生を受け持った時のことだった。指導要録を見ると、二年生のころから欠席がふえていた。その子は、黒びかりのする肌をした精悍な顔つきの男の子だった。

話しかけると、歯切れのよい返事が返ってきた。友人たちの評判もよかった。休み時間になると外で元気よく遊んでいた、時々、校庭の隅ですわっているのを見かけた。

授業中も手を挙げた。学校を休んでいた時間が多いせいか、ぬけ落ちている点も多かったが、ぼくの言うことをよく聞いていた。

一カ月ほど、何事もなくすんだ。これなら大丈夫だろうと思った。

家庭訪問の時、父親がいて、いろいろ立ち入ったことまで事情を話してくれた。奥さんとは何年か前に離婚していた。祖父母が高齢でとくに祖母は寝たきりの状態であった。それ以外にも複雑な事情があった。女手がないためか、掃除、洗濯などに手がまわらない状態であった。家庭としての機能が働いていなかった。

「ぼくもいっしょうけんめいやります。お父さんと、ぼくと二人、力を合わせれば大丈夫です」

と言って別れた。

雨が降った月曜日、その子は休んでいた。祖父の文字らしい欠席届が届けられた。次の日は元気に登校したから、別に気にとめなかった。雨の日に限って登校しないことが、二度、三度とあり、その度に欠席届が出された。あとで分かったことだが、そんな日は家でゴロ寝して、テレビを見ているのだという。何かをすることがいやになるのだという。

しばらくしてから、ぷっつり来なくなった。ぼくは、自転車で迎えに行った。「ごめんください」と声をかけて戸を開けた。おじいちゃんが出てきた。「あっ、先生」「おい、先生だよ」と、その子を呼んだのであるが、どこにもいなかった。「今まで、テレビを見ていたんですがねえ……」と、おじいちゃんが言った。家の中や家のまわりをさがしまわり、声をかけたがいなかった。しばらく玄関で待っていたが、いっこうに出てこないのでその日はそのまま帰った。次の日、「ごめんください」と声をかけて家に入った。おばあちゃんは、ぼくの顔が分からないらしく、「電気屋さんが来たよ」と、言っていた。その時も今までいた子供の姿は見えなかった。「今までいたんですよ」と言っていたが、さがしても見当たらなかった。「ごめんください」という声で、逃げてしまうらしかった。

次の日は、声もかけずに戸を開けて、そのままさっと家に上がりこんだ。彼はゴロ寝をしてテレビを見ていた。ちょっとばつの悪そうな顔をしたが、「こんにちは」と元気よく挨拶をした。

「どうしたんだ」と声をかけながら、ぼくはテレビの前にすわりこんだ。ポケットから煙草を出して火をつけた、「灰皿を持ってきます」と、その子は立って隣にある台所に行った。「よう、頼むよ」とうしろ姿に声をかけた。しかし、彼は、そのまま消えてしまった。あまりに遅いのでさがしたがどこにも見当たらなかった。裏切られたような淋しい気持ちで学校に帰った。

同僚からもいろいろと忠告された。「家庭ごと何とかしなくちゃしょうがないんじゃないの？教師だけでどうにもなんないわよ」とか、「外で悪いことをしているんじゃない？」とか……。ぼくは力を尽くしきっていないから、とにかくやれることをもっとやってみようと思っていた。彼は、家でテレビを見ているだけで、外で悪いことをするわけではなかった。友人たちの評判もよかった。

ぼくは子供たちと、このことで話し合った。誰も悪口を言わないのが救いであった。ぼくは二つのことで協力を求めた。一つは近所の子に、毎日呼びに行ってもらうことであった。「無理に言わなくていい。ただ、寄ってくれるだけでいい」と頼んだ。学校には、毎朝行くものであることを、意識から遠ざけないためだった。もう一つは、その子と遊んでもらうことだった。下校後ありとあらゆる方法で楽しく遊んでもらうことだった。「学校へ来いとは一言も言わなくていい。楽しく遊べばいい」と強調した。友人と遊ぶ楽しさが分かってくれればよかった。そして、その子がやがてクラスに来た時に、何の障害もなくみんなの中にとけ込むためのものだった。

彼は下校後の時間になると、毎日のようにクラスの子と遊んでいた。毎日毎日子供たちは報告してくれた。一緒に遊べない女の子や遠方の子は、手紙を出したり三年生の弟に声をかけたりしていた。子供たちはせいいっぱい考えて、いじらしいほどの努力を続けていた。

親たちにも協力を求めた。

「ぼくの力が足りないために、登校拒否の子を出してしまったのです。勉強がいやとか、教師がいやとかいうのではなさそうです。雨が降ると学校に行くのがいやになるという現象をみても分かるとおり、何かをするのがいやなのです。生きていく力にぬけ落ちた面があるのです。その点が埋められるまで、手まひまかけた努力を続けるほかはありません。このクラスから一名がこぼれ落ちても、このクラスは存在できないのです。あれこれ個性も性格もちがった子がいて、全員で構成された生活をしているからこそ、それぞれの子は、多くのことを学ぶのです。個性がちがうということで一人が排除されれば、成績がちがう、スポーツの才能がちがうというようなことで次から次へと排除することがつくり出されます。ぼくは、その子がクラスに来ない以上、クラスが存在しているとは思えません。どうか、力ない教師をお許しいただいて力をお貸しください。さしあたっては、その子の悪口は絶対子供の前で言わないでください」と、頼んだのであった。

「子供の方がしっかりしてるわよ。彼がどうして休んだか聞こうとしたら、子供がすごいけんまくで怒って、あいつはいい奴なんだ、へんな口出しをするなって叱られたわ」「うちもそうよ。先日、家に連れて来て遊んでいたけど、挨拶が一番しっかりしていたわ」

などという声も聞かれた。親たちも協力してくれているのであった。ありがたかった。頭が下がった。近所の人たちも、注目しているという話も聞いた。

職員会でも学年会でもぼくは報告した。自分のまわりのありったけの力を集めねばならなかった。

そんな折、「向山先生が受け持っているから登校拒否をしているのよ」と言っていたという同僚の話を人づてに聞いた。淋しかったが耐えるほかはなかった。

そうしたことを知ってか、理科の坂本先生が「ぼくは向山さんが受け持ちの限り何も心配してないんだ」と、職員室で大きな声で声をかけてくれた。心の底までずしーんとくるような励ましであった。その言葉に、ぼくはどれほど勇気づけられたか計り知れない。

灰皿をさがしに行くといってそのまま消えてしまった次の日、戸を開けたらいなかった。それから三、四日、同じ状態が続いた。

「自転車の止まる音で逃げるらしいわよ」と、近所の人が声をかけてくれた。なるほど、知恵は発達するものだとなぜかおかしかった。遠く離れた所に自転車を置いて、家に入った。今度はいた。腕をつかんで離さなかった。

「どうして学校に来ないんだ？　先生がきらいか」と聞いた。

「ううん」と強く首をふって、「先生は好きです」と答えた。

友達がいやなのでも、勉強がいやなのでもなかった。本人にも理由が分からないのだった。話し込んでいるうちに、ぼくはなぜか涙が出てきた。その子は神妙な顔で、ボロボロ泣きながら話していた。

「明日から必ず行きます」と、その子はきっとした顔で言った。

「そうか、そうか、楽しみにしているぞ。信じているぞ」と彼に言った。喜びが込み上げてきた。今までの苦労もすっと消えていった。

その日一日、浮き浮きとすごした。ビールもいつになくうまかった。次の日が待たれてならなかった。「これで登校拒否もなくなる。」学級通信に報告するのが楽しみであった。

そして次の日、彼は来なかったのである。

あれほど、涙ながらに行くと言った子が来ないなんて、とても信じられなかった。それは裏切られたというようなものではなかった。飛んで行って、とっつかまえて、思いきり殴りとばしたかった。

昼休み、急いで家を訪ねたがどこにも見当たらなかった。「縁の下にもぐっちゃったよ」と五歳になる下の弟が教えてくれた。縁の下に声をかけたが、音はコトリともしなかった。もう意地になっていた。「人の心を泥靴でふみあらしやがって」と思っていた。縁の下の前で仁王立ちになって、一時間立っていた。やはりもの音はしなかった。弟が中に入っていって、「やっぱりいるよ」と教えてくれた。五校時が始まる時間であった。「また来るからな」と声を残して、学校へ向かった。

翌朝行ったら、どこにもいなかった。弟が縁の下をさがしてくれたがいなかった。何でおれはこんなことをしなくてはいけないのかと思った。手を抜こうかという思いがよぎった。

自分がみじめであった。ぼくにとって、みじめさというのは耐えがたいほどの苦痛であった。こうしたみじめな思いを彼と分かち合っているのだと理性は訴えてきたが、心の奥底では受け入れられなかった。自分の心が傷つけられ血がふき出していた(いやな表現だが、そのように感じた)。「それでも来るんだぞ。それでも来るんだぞ」と、逃げがちになる自分の心に言い聞かせながら、帰途についた。

次の日も、次の日もいなかった。今度は「天井にかくれているよ」と、弟が教えてくれた。弟の何日も着たままのようなシャツが目に残った。

天井に向かって声をかけた。何も返ってこなかった。いるのかいないのか分からない天井に、ただ一人声をかけているうちに、不覚にもこみ上げてきた。「もうこれでいいじゃないか?

やるだけやったんだ」という声が、心の中で増幅していた。「あきらめるわけじゃない。しばらく様子を見ることにしたらいいんじゃないか」という思いが湧いてきた。自分の心の中で、合理化するための、逃げるための考えが、次から次へと湧いてきた。

淋しく、みじめな思いだった。誰一人いない他人の部屋で、庭で、何の音もしない天井や縁の下に、ただただ声をかけている毎日だった。

教師としての覚悟が、ためされていたのだった。

次の日も、やはり返事はなかった。

「先生はこれで帰るけど、サヨウナラという言葉を音で伝えるから、柱をたたくから、もしいたら、君もコツコツとたたいてくれ。サヨウナラの返事ぐらいしたっていいだろう」

天井に呼びかけて、柱をゆっくり五回たたいた。その時、天井で、コッコッと五回音がかえってきた。ためらいがちな、弱い、不規則な音だった。だけど確かにコツコツと五回天井が鳴ったのである。嬉しかった。ぼくが呼びかけた天井に、彼は確かにいたのである。天井の仕切りを通して。ぼくの声は彼の耳まで届いていたのである。いや、彼の固い心の奥底まで、たどりついていたのである。

一人暗い天井裏で身をすくめている彼と、一人、部屋で空しく呼びかけ続けてきたぼくと、そこをへだてていた天井の板を通して、言葉が通わされたのである。コツコツという音だけど、かすかなかすかな音だけど、確かにあれはサヨウナラと言っているのである。心がすっと軽くなった。力が湧いてきた。暗い天井裏から、コツコツと挨拶を送ってきた彼のことを考えながら学校に向かった。暗い暗い天井裏でただ一人、ポツネンとぼくに心を送ってくる彼の姿を想い、いとおしさがこみあげてきた。

次の日、縁の下にいると弟に聞かされた。何の音もしなかった。いくら呼びかけても、静かであった。しかし、昨日は言葉をかわしたのだという思いがあった。いくつものことを通りぬけてやっと、彼の心の響きを聞いたのだと思っていた。

「おまえは男だろう。学校へ行きたくないなら目の前で言え！」と、怒鳴った時である。

「男じゃないよ。女だよ」と、縁の下から返事があった。それ以上は、何も返ってはこなかった。

今度こそ着実に確実に、一歩一歩進んでいる。ずっしりと重い手応えを感じた。もう一息だった。

次の日は、家の中にいた。逃げる様子もなかった。自分の心に言い聞かせるように、「明日から学校へ行きます」と言った。つきものがとれたような表情だった。

ぼくは、「それじゃ信じてるよ」などと、かっこいい言葉は言わなかった。

「本当に大丈夫だな」と、ゆっくり聞いた。

「うん……多分……大丈夫だと思います」と彼は答えた。

「今すぐ、一緒に行こう」と言うと、「いやだ」と言う。彼がいやだという原因を作りあげて、彼に納得させなければいけないと思った。「先生と一緒に行くと男の恥なんだろう」と聞くと、こっくりとうなずいた。

「それじゃ、大通りまで一緒に出よう。あとは先生が学校に行って待っている。それならいいだろう」と、たたみかけるように言うとうなずいた。いそいで用意をさせた。かばんに全部の教科書を入れさせて、家を出た。大通りで彼と別れた。ふりきるように自転車のペダルを踏んだ。

教室は玄関を入った三階にあった。三階の窓から玄関を見つめていた。待ち遠しかった。心臓の音が聞こえていた。彼が元気よく校門を通過した。

「やった」と、心の中で叫んだ。

「先生、原君が来たよ」と、子供たちがすっ飛んで来た。彼は遊びの中にそのまま溶けこんでいった。

普段どおりに授業は始まった。全員が原のことを気にしているにちがいないが、しかし誰一人として気にしていることを表さなかった。特別に話しかけるでもなく、特別に無視するわけでもなく、ごく普通にと装った空気が流れた。子供たちは子供たちなりに、いつものとおりにしているのが一番いいのだと感じているらしかった。その日の授業は、いつにもまして、明るく愉快であった。

それから半年、彼は登校を続けた。もう大丈夫だと思った冬の終わり、彼は突如として休んだ。欠席届が出されていた。

「またかよ。いいかげんにしてくれよ」と、思いながら、彼の家を訪れた。縁の下に呼びかけたり、天井裏に呼びかける日々がまた始まった。今度は、もっと頑固であった。そんなことが長く続いた。

父親ともいろんな面でつっこんで話し合いをした。父親も気持ちがぐらついていた。

「世の中で、お父さんとぼくと二人きりなのです。その二人が、これからの彼の人生の鍵をにぎっているのです。ぼくにとって重すぎるほどの内容ですが、がんばろうと思います。お父さん、できる範囲でがんばってください」

と頼んだ。ある大手会社の係長をしている人だった。

子供にとって家庭がもっとも大切な教育の場であることは論を俟たない。そこでは、生きていくのに必要なさまざまな教育がなされる。しかし、破産・離婚・病気などの原因によって、家庭がその機能を果たしてない場合も世の中にはある。父親が、寝たきりの老母をかかえ、幼な子三人を育てていくことは想像を絶したことであったにちがいない。

かつての教え子に、一歳、五歳の幼児がいて妻と死別した父親がいた。午前中の二時間だけ会社に出かけ、あとは家で仕事をしていたという。「何度死のうと思ったか分かりません」と、その父親は語っていた。

家庭の機能の喪失が登校拒否の根本的な理由であることは明らかであった。その喪失した部分をどうするのか、あらゆる場合を想定して検討した。別居・再婚・施設など立ち入って考えたのである。教師の分をすぎた意見かもしれなかったが。率直に述べることにした。その内容については、くわしく書くべきことではあるまい。父親は、問題点をはっきりととらえた上で、冷静な判断の末に現状のままの努力を続けることを選択した。会社の上司にも事情を話し、時間を作り子供とふれ合う折をふやしていた。

ぼくもぼくの努力を続け、父親も父親の努力を続け、六年の一学期は過ぎていった。何度かこれはと思う小さな事件もあった。五月のことであった。

二泊三日の移動教室のことを話すと、彼は興味を示した。「用意は何もしなくていいから、弁当も先生が用意するから、行こうぜ」と言うと、「うん」とうなずいた。その時、一緒に遊んでいた他のクラスの子供にも、さそうように言うと、「一緒に遊ぼうぜ」と、楽しく話し合っていた。

翌日、移動教室出発前のあわただしい中を、彼の家に迎えに行った。しかし、彼は姿をかくしていた。

そうしたことがあれこれとくり返された二学期の始め、彼は登校してきた。家ではクラスの子と遊んでいたから、今度もみんなとすぐ溶けこんでいった。

その時に、何かちがっているのを感じた。忘れものをしなくなったとか、身だしなみがよくなったとか、顔つきがしっかりしたとかというちがいであるが、しかし根本が変わった感じがしたのだ。

「すみませんでした。もう決してくり返しません」と彼は言った。彼は、淋しい孤独な生活の末に、みんなとの共同の生活を選んだのであった。

その後、彼は二度と休まなかった。中学へ入ってからも、しばしば教室を訪ねてきた。「ものごし、挨拶がしっかりしている」という評判もたくさん聞いた。中学へ行っても、母親たちは見守っていてくれた。近所の人にも挨拶するようになったという。

おじいちゃんに会って聞いたら、「先生、おかげさまで……。あの子は心を入れ替えて、勉強するんだといって『夜学』に行っているんです」と、嬉しそうに話してくれた。「夜学」とは、何のことなのかと思っていたら、どうやら塾のことらしかった。

理解力のある子だし、六年生の後半、必死で勉強をしたが、六年間の中での長い空白はやはり大きかった。しかし、彼は自分から勉強するといって「夜学」へ通ったのだった。教え子が塾へ行ったことを心から素直に喜べたのは、この時だけであった。

卒業パーティーを学校で行ったとき、原のいる班は、登校拒否のことを劇化した。コメディタッチの作調であったが、最後に彼は作文を読み上げた。自分の今があることに対する、多くの先生や友人や親たちへの感謝の言葉であった。参観していた母親たちは涙をぬぐっていた。その作文の内容も朗読も実に堂々とした品格のあるものであった。

彼は卒業の時、学級通信に次の一文を寄せてきた。

向山洋一について〈原浩〉

僕が、この十二年と八カ月生きてきて、一番印象に残った人、それは向山洋一。

でも、五年の時に僕が学校を休むようになった時、毎日のようにむかえにきたあのころは「あの先生しつこいなあー」と思っていたのだ。

今思うと、あんなにしつこくむかえにきてくれたのが、なんだかうれしく考えられるのだ。あのころにもどりたくても。もうもどれない。

今考えてみると、先生は、おこる時はおこり、そして言葉では言えない何かを持っているのである。

こんなにもクラスをかえてしまった。言葉では言えない何かとはこのことではないかと思う。クラスの一人一人の力も必要であったかもしれない。でも、その一人一人の力を使ってこれだけのクラスにしたのは向山洋一である。先生とクラスのみんなとも一緒にいるのはあと十数日間。その期間を大切にしたい。向山洋一がこのクラスの先生でなければ、こんないいクラスはうまれず、僕もかわらなかっただろう。

「先生じゃなくたって、君は変わったし、みんなも変わったよ。みんなの一人一人がすばらしいものをもっているからだ。これからは今までの楽しい生活を全く忘れてしまうような、そんなすばらしい人生を創りなさい」と言って、送り出したのだった。

別れにあたって、ぼくは学級通信に次のように書いた。

どの人間も、自己のドラマをもっている。他人に語るほどのことではないかもしれないが、しかし、自己にとっては忘れ得ぬ想い出としてそれは存在する。この学級通信「エトセトラ」もまたそうである。とりたてて他人に語れるほどのものはない。しかし、六の二という学級の中に、人生の一部を刻み続けてきた者には、忘れ得ぬものがある。子供たちはいざ知らず、ぼくにとってはそうである。

もとより人生を刻み続けるというのは、想い出を創るためにするのではない。必死で生きるその証しが、結果として想い出となるのである。稀薄な生活の中では、刻み付けたその証しも淡い。しかし必死で人間の可能性を追求し、ともに未来を見つめてきたぼくは（ぼくたちは）少なくとも自己のある部分を納得させるぐらいの刻みは付けてきた。喜びの中で、悲しみの中で、怒りの中で彫りこまれたのであった。たとえ遅々たる歩みの中ではあっても、投下されたエナジイは莫大なものであった。

やがてこの子たちは、新しい出立の時をむかえる。そしてさらにその向こうに、自己の生きてきた証しを刻み付けていく。願わくば、その刻みが、より鮮明であり、より深いものであることを祈りたい。ぼくを超えるほどの人間に、ぼくを超えるほどの価値ある仕事をする人間に、そうなることを心から願いながら、その出立を見送る。

そうなった時に、初めてぼくとの関係は淡いものとして、過去のものとして想い出されるようになる。現在の人生が激しいものであれば、過去のことなど思い出す必要はないしそのひまもない。ぼくを超えるほどの人間になり、ぼくを超えるほどの価値ある仕事をするようになったら、ぼくのことは想い出す必要もなく、さらに高いものへ挑戦していけばうよい。そうなることを切に願う。ぼくとぼくとのことが過去のものとなるような、そんな豊かな人生であってほしい。

そうしてこそ、ぼくは心の技師といわれる教師の仕事を果たしたことになるのだ。鮮明な印象はなくなってもよい。

諸君と共にある時はできるだけ巨大に偉大に立ちふさがり、諸君と別れたあとは、諸君がそれを乗り超えるほどの、それを単なる過去のものとするような豊かな人生であることを願う。

まさしくこれが教師と教え子の定めであり、だからこそ教師であるぼくはいつも寂しい。


登校拒否の子供が増加していることはよく報告されている。その原因もさまざまであろう。その中には、同じような傾向をもった子もいるにちがいない。

しかし、教師にとっては具体的な〝その子〟しか存在しない。その子がもっているあらゆる条件を調べ吟味し、手さぐりに似た姿で教育を行っていくしか道はない。

あれこれの勉強や事例を研究することも当然大切であり、ぼくもその点では多大な時間をさく。でも結局のところ、極限の状態では、その子と自分という具体的なことしか存在しないのだと思う。

ぼくにとっては、「その子を何とかできるのは担任のぼくしかいないのだ」という考えが、最後までゆるみがちな心を支えてくれた。「ぼくが投げたら終わりなのだ」という考えは、あるいは不遜な考えかもしれない。しかし、自分が担任である以上、それは事実なのであった。

どんな子にも可能性があることを信じ、たゆみなく続く努力を重ねるのが、教師の仕事なのだと思う。時には、それを信じるのが教師一人であるようなことであっても、それを貫くのが教師の仕事なのだと思う。

教師がその職にある以上、教え子を信じる頑固さとそれを具現化する執念は決して失ってはならないと思う。たとえ、その時の結果がよかった場合でも、わるかった場合でも……。

### (2)「ぼく死にたいんだ」――情緒障害――

放課後、雨の校庭をながめていた時だった。四年生の男の子がぼくの側に来てしばらく休んでいた。

彼はしばらくして「ぼく死にたいんだ」とぽつんと言った。

「どうして?」と、思いがけない言葉を聞いて、どぎまぎしながらたずねた。

「ぼく、馬鹿だから……」

はっきりとした口調で答えた。

「そんなことないよ。馬鹿なんていないよ。努力すれば誰だってできるようになるよ」

と、話すと、

「ぼくは何をやってもだめなんだ」と言って、また雨の校庭に視線を移した。三〇分近く、ぼくは熱心に話を続けた。帰りがけににっこり笑って帰っていった。それが、ぼくと林の出会いであった。

日が経って、そのことが意識から遠ざかっていったころ、林がすごい乱暴をするということを聞いた。友人の学用品を毎日のように、窓から投げ捨てたりしていた。石を女の子に投げ付けたり、止めに入った教師にまで投げ付けたりしていた。習字の筆でたくさんの人の衣服を汚したり、教室中を汚したりした。さらに、カッターナイフを持って、「殺してやる」と友人を追いかけまわしたりした。ここまでは、腕白坊主の中に時として見られることだった。彼が腕白坊主とちがっていたのは、教師が間に入っても、目は血走り、つりあがり、まるで言うことを聞かなかったことだった、近所の小さい子を、棒で思いきりひっぱたくというようなことをしていた。乱暴の限りをつくし、叱ると何かにとりつかれたように目を血走らせて口をきかないことが、しばしば見られた。

五年生になって、その子を、ぼくは担任することになった。

「馬鹿だから、死にたい」と、ぼくに言っていたその子の言葉が耳にこびりついていた。その時の表情が、目の前にちらついていた。

卒業生を出した余韻が残っている三月二八日、ぼくは一人勉強を始めた。春休みにぼくが目を通した本は五二冊であった。その子は発作の病気をもっており、学習が著しく遅れていた。ぼくが読んだ本の中では、そうした子はどの子も手の付けられない乱暴を働いていた。そして悲しいことにその乱暴が直ったという報告は、見当たらなかった。ぼくは、何人もの医者をたずね、聞いてまわった。どの医者も共通して、次のように語っていた。「それは病気を原因とした第一次障害ではありません。第二次障害です」「教育可能です。なぜなら、意思の交流ができ、本人に病識があると考えられるからです。たいへんでしょうが、そこから先は先生の仕事です。がんばってください」

そうした話を聞くうちに、「病気のせいだから、教育は不可能ではないか」と心の片隅で思っていた危惧もうすれていった。

しかし、どうしてよいか全く分からなかった。ぼくが読んだ本には、一般的な状態が書かれ、事件を追いかける形での叙述しかなかったからだ。原因を見きわめ、根本的に手をうっていったものは一つとしてなかった。プロの目から見た報告ではなく、誰でもが書けるような大雑把な粗雑な報告ばかりであった。すばらしい実践はあるにちがいないが、ぼくは見付けられなかった。

春休みの四月一日、前担任からの引き継ぎを行った。どうしたらよいのか分からないぼくは、事実を一つ一つ確かめ、原則的な教育方針を考えていこうと思っていた。校長の了解をとって、春休み中であるが、母親と面談した。出産の時の状態から、生育史、親の考え・望みや子供の日常生活に至るまで、詳細に聞き出した。その子が暴力をふるう時に顕著な特徴があった。行動特性ともいうべき型が見られた。「学習用具を捨てること」「石(物)を投げること」「髪の毛をひっぱること」の三つが、くり返し行われていた。親に、それと同じようなことを子供を叱る時にしたことはないかとたずねると、そういえばと言って、小学校に入学した時あまりきかないので、家でランドセルを外に投げ出したことがあったのを思い出した。きっと、その時その子は強いショックを受け、それを他人にもしているにちがいなかった。後日、ぼくの恩師である東京学芸大学の星野安三郎先生にその話をしたところ、「そういう面もあるが、その子が苦しんでいるのは勉強であるから、自分と他の子を差別している学習用具にあたり散らすという面も考えられるのではないか」と、感想を述べていた。

ともあれ、こうして彼のことをあらゆる角度から調べその一つ一つを分析していった。ぼくは、保護者に、「力を合わせてがんばりましょう。教師を仕事とするぼくは、自分のすべての力を賭してあたっていきます」と言ったあとで、次の八つの点に気を付けてくださいとお願いした。


㈠さしあたって、算数の勉強などの「できないこと」をやらせるのではなく、「手伝い」「自分のことは自分でする」などの「できること」をさせるようにしてください。

㈡「何ができた」ということよりも「自分でできた」ことを重視してください。それが生きていく力となっていくのです。

㈢たとえできなくても。あせらないで待ち続けてください。

㈣できたことを足場にして、少し先をさせるようにしてください。

㈤だめとかばかとか、自信を失わせることは言わないでください。

㈥わるいことをしたら、なぜわるいのか理由を話してください。

㈦生命の安全に関することは、きびしく叱ってください。

㈧つまり、一つ一つできることをふやし、自信をもたせ、やる意欲を起こさせ、生きていく力と術を教えてほしいのです。


「お互いに手を取り合って、知恵を出し合って力を尽くしましょう。きっとすばらしい子に成長すると信じております」と、保護者に言って家を辞した。

林の暴力は、彼の自己主張の現れであり、生命あるものが生き続けている叫びであるとぼくは思った。

彼に生きていく喜びを与えたかった。

彼に自信と存在感を与えたかった。

彼に他の子が身に付けたような能力を与えたかった。

彼にロマンと夢を与えたかった。

彼の神経は鋭敏で、ナイーブであった。ごまかしの全く通用しない彼に、ごまかしのない教育を持続させねばならなかった。ぼく自身の弱さ、甘さ、嘘、ごまかしを、射続けられるかどうかが鍵であると思った。弱い自分自身を変革するために、自分の弱さをあばき射続ける決意をこめて、学級通信を「スナイパー（射撃手）」と名付けた。

学級経営案も、いつになく細部にわたって検討した。教科の展開はもとより、机の配置、話し方まで考えぬいた。特に初めの一週間は何をするのか詳細に案を作った。

それでも不安であった。自信はまるでなかった。事実、それから彼が変わるまでの二カ月は、緊張のあまり夜中に目が覚めてしまう不規則な生活が続いた。

始業式の日、何が何でも彼をほめようと思った。そして、授業の挨拶の号令をする係にしようと思っていた。そうすれば、毎時間、彼は仕事が与えられ。しかも授業開始の時に教室にいなければならないことになるからだ。ぼくは今まで、授業開始などの挨拶をしたことがなかった。そんなことをせずに、自然とすうっと授業に入った方がはるかによかったからだ。しかし、そんな形式的な役でも、その時の彼には必要な仕事であった。

始業式の日、事実で彼をほめなければならなかった。子供の世界では、わざとらしいことや嘘は通用しないからである。ぼくは彼の着ている服がぼくと同じでもほめようと思っていた。そのためにジーパンをはいていったほどだった。彼が立っている地面がきれいでもほめようと思っていた。ほめることができるかどうかが、彼との最初の勝負だと思っていた。そして、できれば、子供たちにぼくの学級づくりに関する基本の構えを話しておきたかった。

その様子を学級通信第三号に次のように書いている。

## 出逢いの序章〈開幕のドラマ〉

始業式が終わって教室に入った。始業式の時、しきりに穴を掘ったりしていた男子四、五名を立たせ、そのだらしなさを批判した。次に遠藤・竹川・林の三名を立たせた、この三名だけが名札を付けていた。出逢いの時に、名前を覚えるのに必要なのだ。その三名を「それで当たり前だ」とほめ、残り全員を立たせた。新学期の出逢いに、「諸君がそんなに鈍感で、無神経なら、俺はこの三名しか覚えない」と、厳しく言った。教室はシーンとなっていた。竹川に号令をかけさせ、挨拶をした。ぼくの顔を見ながらニヤニヤして礼をする無礼なのや、まだ終わらぬうちにすわってしまうそそっかしいのがいたから、何度かやり直しを命じた。

ついで、次のような話をした。

「ぼくと一年間はつきあう運命になって、内心いやな思いをしている人もいようが、できたらがまんしてほしい。出立にあたり、いくつかのことを言っておく。第一に、ひいき・差別は絶対にしない、許さない。ぼくはけんめいに努力するが、それでもなおひいきしているように感じられることがあるかもしれない。その時は、遠慮なく言ってもらいたい。

第二に、諸君の一人残さず、先生がかしこくしてやる。できるようにしてやる、でも、これは先生だけでやっても、君たちが努力をせねばできない。そのため二つのことを心してもらいたい。一つは「教室とは、まちがえる場所だ」ということだ。あらゆる学問は、まちがいの中から発展させられてきた。「自分はできる」と思ったり、「自分はできない」と思っているのは共に錯覚である。どちらにしても、諸君が思っているほどではない。

黒板に数字を書いて、「0(ゼロ)は何を意味するか」聞いてみた。林がさっと手を挙げ、他に五、六名も手を挙げた。林を指名すると「何もないことです」と答えた。それをほめ、手を挙げた五、六名を立たせほめた。そして「なぜ、手を挙げない。内心ではそんなことと思ってるんだろう。しかし手を挙げた人と挙げない人とでは天と地ほどの差がある。挙げない人は、まちがえたら恥ずかしい、かっこわるいなどと、かっこ付けることだけ考えているからだ。天と地ほどの差があるんだ」ときつく言った。

しかし「ゼロの意味はこれだけではない。思い付いたことを何でもいいから言ってみなさい」と言った。福井と佐藤の二名しか手が挙がらなかった。福井は「出発点」と答え、佐藤は「0、1、2の0」と答えた。温度計の0度は温度が何もないことではなく、基準であることを話し、その二人をほめた。ゼロは他にも意味があるが、省いた。ついで漢字の「山川」を書き、「読みなさい」と言ったところ、林がさっと手を挙げ、四、五名が挙げた。林を指名すると「やまかわ」と答えた。「ほかにもある?」と聞いたが誰一人答えられなかった。「やまかわ、やまがわ、さんせん」のちがいを説明した。「このように、できるできないといっても差がない。一年生の問題ですらこれなのだ」と話した。「うんとまちがえなさい。まちがいの山をつくりなさい」と言った。そして毎日二時間、机に向かうよう要求した。林をのぞいてみんな手を上げた。林は自信がないと言うのだ。その正直さをほめ、林は努力目標でいいことを話した。他の人間はやると言ったのだから、やらなかったらその人間はどうなっても知らないと宣言し、四十分で終えた。そのあと二時間、何も手が付かないほど疲れていた。

授業のやり方や話し方も変えた。粗雑さや暴力の全くない、静かな落ち着いた授業をしなければならなかった。ぼくは体罰はもとより、大きな声一つも出さなかった。おこることも、ほとんどしなかった。短く、わるい点を言うだけに止めた。

彼はおだやかな日々をしばらくはすごした。よくぼくのそばに来て、話をしてくれた。ぼくも、できる限り話をした。すごい乱暴はなかったが、他人のものをいじくるなどのちょっとしたことは毎日あった。

彼の記録を毎日書き続けた。どんな細かい点でも記録した。例えば、五月二日に、彼は初めて荒れた。その事実を書いたあとで、考えられる原因として次の九点を分析していた。

㈠熱があるためか。（三七度一分。親に聞いた）

(二)雨模様で湿度が高いためか。(こんなことがあると聞いた)
(三)音楽でたて笛をふき、高音に耐えられぬためか。(前にもあった)
(四)母親が参観したからか。
(五)卒業生が参観に来たからか。(ぼくを他人にとられるからか)
(六)弁当を忘れたためか。(彼は忘れて、あとから母親が届けた)
(七)弁当を友人たちがくれるという親切をされたためか。
(八)ぼくがそばにいられなかったからか。(その日はいそがしかった)
(九)その他の全くちがう理由のためか。

こうしたことを、一つ一つ積み重ねていくことによって、彼にとって指導すべき必要な内容が分かってくるはずだと信じていた。

そして、二カ月。彼はぼくのことを大好きだと言うようになっていた。クラスの子供たちも、彼を遊びの中に入れようとしていた。しかし、授業中、まわりの人にちょっかいを出すなどのことはよくあった。

そんな折に、大きな事件が起こった。

嵐のように熱く長く続く拍手〈学級通信「スナイパー」No.42〉

四時間目、国語の時間である。休み時間にH男がやってきて、「熱っぽいから、勉強する気がないからね」と言ってきた。熱がある時、H男は気嫌が悪くなる時が何度かあった。そんな時、彼は何を言っても通じないという面があった、どんな言葉や態度で接しようとも、かたくなに拒否した。それは、まるで心に鋼鉄の二重、三重の扉を閉じたみたいであった。そうでない時、彼は優しい優しい子供であったが、ひとたび拒絶すると、鉄の扉にかくれてしまうのだった。

授業が始まった時、教科書も出しておらず、それが当然のごとき顔をしていた。何度注意してもだめであった。ぼくは、彼の机の中から教科書を取り出し、広げた。彼は、冷たい目をしてそっぽを向いていた。

順番に教科書を読んでいった。四番目が彼の番だった。彼は一向に読もうとしない。隣りや前の子が何度か読む場所を教えたが、だめであった。ぼくが何度さいそくしてもだめであった。

「読まない」という状態を黙認するかどうか、しばし迷った。黙認することは、彼の存在を特別として認めることであり、三四名のクラスを三三名十一名にしてしまうことだった。しかし、あの鉄の扉が開けられるか不安だった。いや自信はほとんどなかった。しかし十年間の教師生活で培ったものと、彼との二カ月の生活が、「それでもプロの教師か」「一人残らずと言えるのか」と、せきたてた。教室は重くるしい空気で張りつめていた。三三名の子供が息を殺して、ぼくとH男に注目していた。

椅子ごと身体をひき出し、本を持って立たせた。このクラスになって初めて、荒々しい言葉を使った。三代目まではビンタもよくしていたが、今は手を上げるのはおろか、大きな声さえ出していない。荒々しい言葉に、H男の扉はさらに固く閉じられた。冷たい視線だけが返ってきた。

「君はこのクラスの一員だろう。それならば読みなさい。それとも君は、自分一人だけが特別にあつかわれたいのか？　みそっかすになっていいのか」

「君には、読める目もあり話せる口もあり読む力もある。読みたくないなんて、ぜいたくを言うんじゃない。読みたくても読めない人もいるんだ」

「先生は君の言うことを九九パーセント認めてきた。しかし、どうしても許せないこともある。ここは教室であり、君たちがかしこくなる場所だ」

何を言ってもだめであった。あの氷のような冷たい目の中に飛び込み、固い鉄の扉をこじ開け、殻をこわし、やわらかい心まで届くすべはないのかと思った。心は何度もひるんだ。とり返しのつかないことをしてるんじゃないかと思った。これで今までのことはすべてだめになるのではないかと思った。

執念しかなかった。教え子を前にした教師の執念だった。夜中まで付き合おうと決意した。ここで負けたら終わりだと思った。「何時間でもやろう。むかし九時間やったことがある」そう宣言した。重苦しい時間は続いた。

何か一言言った。小さな小さな声だった。「やれる」と思った。子供たちは本をきちんと持ちなおした。何かが始まりそうな、張りつめた空気が流れた。「そして……」ついに読んだ。一行読んだ時、嵐のように長く続く熱い拍手が起こった。人生に何度もあるものではない。魂がゆさぶられた時の拍手だった。どの子の顔も輝いていた。どの子の顔もほほえんでいた。どの子のどの子の瞳もうるんでいた。H男はさらに読み続けた。つっかえるとみんな助けた。せきばらい一つ、もの音一つしなかった。一ページ余りを全部読んだ。再び嵐のように熱く長く激しく高らかにひびく拍手だった。ついに鉄の扉をこじ開けたのだった。殻の奥の心と、三三の小さな心と教師の心が一つに溶け合わされたのだった。

終わったあと校長室のソファーに横になった。身も心も疲れ切っていた。誰とも話したくなかった。誰とも話したくないほどの緊張と感動を、ぼくは生まれて初めて経験した。ボロボロに疲れた心の底から、熱いものがこみ上げてきた。熱い川は次から次へと押しよせ、とめどなく流れ落ちた。

嵐の如き拍手に呼応して、母なる大地から〈学級通信「スナイパー」No.44〉

私は今、こみあげる感激をどう押えることも出来ず、思わずつたないペンを握りました。教室での出来事が、まざまざと想像できます。

〈A男の母〉

他人事ではなく、我が事のようにうれしく思います。人間にとって、人と人とのふれあいが、立派な人との出逢いが、何にもまして財産だと、いつも思っておりましたが、先生を見ていると今さらのごとく痛感いたします。

「教育の原点」を、先生は紙上を通して常に教えて下さっておりましたが、この様にきめこまかい教えをまのあたりに見て「プロの教師」の心がまえに感動いたしました。

包みこむような温かい思いやりがひしひしと身にしみて、感激屋の私は流れる涙を押さえることが出来ませんでした。

勉強ももちろん大切です。しかし毎日の生活の中で、そこにどれだけの生きがいを感じ、目を輝かせて生きていくかも、大切だということですね。毎日の、少しずつの積み重ねがいかに大切かということも……。

〈B男の母〉

今、スナイパーを読ませていただきました。感激で胸一杯になりながら先生にお礼を申しあげたくペンを取りました。彼はもちろん、我が子、他の子に代わり、本当に心から「ありがとう」を言わせて下さい。この日を、子供たちは四年間待っていたのです。プラス1ではない、皆同じクラスの仲間になることを……どんなにか望んでいたことでしょう。それを先生がやって下さったのです。先生、本当にありがとうございます。

〈C子の母〉

娘が学校から帰るが早いか「スナイパー」を拝読しております。毎日、感心したり、感激したり、時には笑ったり……。

でも、今日程、私が胸うたれたことはありませんでした。No.42を読んでいくうちに、胸はドキドキとなり、目は走るように字を追いかけました。終わりの方では目頭が熱くなり、読み終わった途端こみあげてきました。そして、もう一度、ゆっくり読み返しました。教室での先生の毅然とした態度、そして子供たちのその光景を見守る不安な顔が、頭の内に鮮明に映るのです。

先生本当におめでとうございます。そして自分に打ち勝ったH君おめでとう。心から拍手を送ります。このように子供一人一人に対する細やかな神経の行き届いた教育を体験している子供は本当に幸せです。親として感謝に堪えません。

▼教育は手品ではない。瞬時に変わることなどあり得ない。ぼくも子供も全力を尽くしてな

お、目にもとどまらぬささやかな変化しか生まれない。そして、それは砂上の楼閣のごとく、いくたびも崩される。しかし、何度でも、そうした砂上の楼閣を創る営みののちにしか、そんな空しい行為の中からしか、たしかな教育は生み出せないと思う。

〈向山〉

すべての子供に生きゆく力を！〈学級通信「スナイパー」No.46〉

No.42に対するたくさんの感激に満ちた手紙を受け取った。すべての人間の心を溶かし込んでいく巨大なドラマの幕あけであった。これは、むろんぼく一人がなしとげたものではない。クラスの仲間、保護者、三代目の子供と保護者、大塚小の教師たち、そして何よりも、H男とその家族の人々によって創られた出立の狼煙であった。ぼくは力弱い一人の教師にすぎない。教師の職にあれば、プロであるにちがいないのに、それをわざわざプロの教師であるなどと言っているトンチキな人間だ。しかし、そんな弱い人間でも、自分のまわりにあるすべての教育作用を組み合わせ、集中させていけば、不可能と思えることもなしとげられるということだと思う。

手ばなしの感激の手紙への返信に次のように書いた。

「そうした感激を共有しながら、そしてはげまされながら、ぼくは手ばなしで喜べません。手ばなしで喜べるのは〈他人〉だからなのです。親は喜びの中に、すでに先を見通した感慨があろうと思います。ぼくも、そうした親の心情まで踏み込んで考えたいと思います。たった一つのドラマで、口先だけで人間が変わるのでしたら、教育ほど楽なことはないのです。反対に、何度も失敗し、何度も裏切られ、何度もみじめな思いをし、そしてなお、その中に可能性を見出すことに教育の原点はあるのです。ぼくがやったのは、鉄の扉を本当に開けたことではありません。穴を、それも針の穴ほど小さな小さなものを開けたにすぎません」

ドラマの翌日、H男は小さなシャベルで男の子をたたいた。昨日のことを思い出すと淋しかった。ぼくは何と甘いのだろうと思った、ぼくはやり切れなさに怒りをもやし、腕をつかんで校長室に連れて行った。「ぼくはやってない」とH男は言いはった。何度正してもだめだった。ぼくは思い切りビンタをした。針の穴は開けたのだという自信があった。彼は冷たい目を返さなかった。突然「ワーン」と大声で泣き出した。それは思ってもみなかったことであった。今までは、叱られると必ず目を血走らせ、口をきっと結んでいたのだった。強く叱ると、よけいそうだった。「ぼくはすぐ忘れるから」と小さい声で言った。「そんなはずはあるもんか」とたたみかけると、「すみませんでした。嘘をつきました」とあやまった。とても素直な、かわいらしい表情だった。教室にもどり、素直に謝った。

針の穴をさらにこじあけた感じだった。しかしこの日からH男は変わった。本質が、変わり始めたのだった。国語の漢字ノートに取り組むようになり、算数の計算をやるようになった。漢字の書き順が分からないので、お手本を書いてやり、鉛筆を一緒に持って動かしたりした。H男は休み時間でも勉強をやっているようになり、廊下を走る物音に顔をしかめるようになった。

小数のかけ算のドリルで百点をとり、職員室に持って行って、校長、教頭はじめ多くの先生にほめてもらった。学級紹介のテレビ録画で司会をやり、原稿をけんめいに準備し、見事にやり通した。

本日、何人かの席を入れかえたのだが、H男は「もっと勉強したい」と言って、一番前の席に移った。3.5÷2.5＝1.4　は「何を1とする時、いくつがいくつにあたるのですか」という問題を、いつもはできる子ができずに立っている中で、彼は正答を何度か答えた。「どの人間も可能性がある」ことを、H男は事実で示した。五の一は誕生以来まだ二カ月である。その間の前進はささやかなものにすぎない。しかし、何と価値ある日々であったのかと、ぼくは思うのである。

その時から、彼は全く変わった。鉛筆すらにぎろうとしなかった彼が、計算、漢字の練習をするようになった。人間の根本が変わり、すべての面にそれは表れてきた。でも、落ちている部分がたくさんあった。

たとえば、ふざけて友達の首に腕をまわしたとする。それが単にまわしただけなのか、ちょっとふざけているのか、それとも怒ってやっているのか、殺そうとしているのか、誰でも分かる。腕をまわした方と、まわされた方と、言葉は交わさなくても腕のまわし方だけで分かる。誰だってできる。遊びながら、友人とふざけながら自然に身に付けていく。いや、そんな意識さえないほどに自然のうちに習得される。しかし、彼には分からなかったのだ。そのため、友人と仲良くなってからいさかいがあった。彼には、大切な成長の時期に、そうしてふざけることがなかったからである。友人に腕をかけるという何気ない動作さえ、どのようにしたらいいのか彼は分からなかったのだ。彼が「死にたい」とむかしぼくに言った言葉の、その奥の奥にある計り知れない孤独な姿をそこに見て、ぼくは泣けた。

誰でもが、友人たちと遊びの中で学びとってきた、そうした一つ一つの能力を急いで、身に付けさせねばならなかった。ぼくに与えられた時間は、限られていた。

彼は曲に合わせて行進することもできなかった。両足跳びも、なわ跳びもできなかった。プールに入るとこわがって、手すりにしがみついていた。一緒に歩いたり、跳んだり、もぐったりして教えていった。

やがて、そうしたことはすべてできるようになった。その成長に、他の子供たちも目を見はっていた。小数のかけ算さえ、できるようになったのである。

変わったのは彼だけではなかった。彼の変わるのを目の前に見て、他の子供たちはもっと大きく変わっていった。授業中も、静かで集中したものになっていった。他の学校の先生が参観に来て、次のような文章を寄せてきた。

一日授業参観を終えて

東京都大田区立中萩中小学校　衣川裕美

百の話を聞くよりも、一回の授業を見ること……。実感です。今までお話を一年間お聞きし、授業テープを聞かせていただき、記録を読ませていただき、そんな中から、だいたい雰囲気をつかんでいたつもりでしたが、今回の授業では、それとは全くちがい、でも、だからこそ〝授業〟というものを考えさせられたよい機会だったと思います。林竹二先生の映画、坂本先生の授業と共に。

静かな落ち着いた雰囲気――そんな教室の中に最初入りました。一人の子がスッと立って、黒板の所へ行き、図を描きながら説明しはじめました。その図は一筆で描かれ、スッキリした分かりやすい図でした。我がクラスの子供たちだったら……と、その時ふと思ったのです。多分、何度も描きなおしたり、一筆入れるのにちゅうちょしただろうと。自分の考え、またはノートの答えをただ黒板に写すだけでも時間がかかるのです。ためらいがあるのです。自信のなさの表れでしょう。まだまだ私は、子供たち一人一人に自分の考えなのだからと、自信をもって図に描かせることができないです。

子供たちの声は、堂々と流れるようではありませんでした。ささやくようなかすかな声でした。でも、他のみんなは聞こうという姿勢があるからそれで十分でした。誰かが発言したあと、私のクラスでは必ず他のみんなが私の顔を見るのです。自分が友だちの意見をどう受けとめるかが問題なのではなく、先生が何と言うのか、どう判断するのかがまず気になるのです。でも、この授業では違いました。わずか二〜三人の子供たちだけが、チラリと先生の方を見ただけで、あとはみんな、黒板をじっと見詰めていました。その友達の意見を静かに考えているようでした。

授業が終わって三々五々、岩石の箱を返しにやって来ました。みんな、どの子も大事そうにかかえて持ってきて、そっと音もたてずに置いていくのでした。友達と話をしながらの子も、急いでいる様子の子も……。そんなささいなところで、子供たちの力を見ることができた気がするのです。

次の時間は、算数のドリルを一ページする——それだけのことでしたが、立派な授業でした。多くのおどろきがありました。

先生が指をちょっと動かすだけで号令がかかり、いつのまにか指示があり、気付いた時はシーンとしていました。

「静か」それがどういうことか具体的に分かりました。授業中、窓の外の木の葉が風にふかれてゆれる音が聞こえてくることです。体を動かそうとする音が聞こえてくることです。ささやくような声が、広い教室の隅々まで聞こえてくることです。

そんな「静か」な中を先生はまわって、ふと止まってある子の頭の上で何かを確かめるように指をくるっと動かすのです。その指は時々子供たちのドリルの上にトンとおります。すると子供ははっと気付き、まちがいを直していきます。その子供たちと先生のつながりのみごとさに感心しました。

指一本で子供たちが動くというのは、命令をよく聞くということではありません。子供たちと先生のつながりが強固であり、子供たちの授業への向かい方が真剣であるからです。

教師は、怒鳴る必要は全くありません。しかる必要もありません。命令する必要もありません。――教師と子供たちが一体になろうとすればするほど、そんなものはいらないのだと思いました。

子供たちのこの時間での発言も、つぶやくような声がほとんどでした。でも隅々まで聞こえていました。途中分からなくなって、つまってしまった子が出ても、みんな静かに待っていました。誰でもいっしょに考えている風でした。いっしょうけんめい考えている時の目は、実に安定していて、内面にこめられた力に満ちているようでした。集中している時の、他の何者もよせつけない目でした。

授業は形ではない。――一日を通して一番強く思ったことです。昨年の最初から、生き生きとたくさんの子たちが発言し、検討して進んでいく授業を、私は理想としていました。テープで聞いた先生の三代目の授業。あのぐいぐい追究していく迫力と高度な論理の展開は一つの理想でした。私は、一人でも多くみんなが発言するということだけを気にして、エネルギーを使いました。でも、それには〝生き生きと〟〝真剣に〟という言葉が付け加えられなければならなかったのです。それを忘れて形式的になると、無意味な言葉のやりとりになりやすくなるのです。クラスのみんなで一つのことに向かって解決しようとする、考えようとする、そうした力が必要なのです。

具体的に話をする――向山先生のお話はとても分かりやすいのです。それは、どの話も具体的だからです。

学級会の時間、子供たちが夏休みの計画をする時に、三代目の子供たちの話――一枚の絵に一週間かけた話、旅行に行き道ばたの煙草のすい殻まで拾って来て旅行記にした話――をして、イメージをつくる助けにしているのです。

漢字テストの採点をする時も「礼」という一つの漢字に、実に七、八通りのまちがいがあり、その採点はとても困難であることを出されたのもそうです。

具体的な話をすることは、どんな話をすることよりむずかしいことです。それだけの材料がいっぱいつまっていて、いつでも引き出せるようになっていなければ、とっさにその場に応じた話などできないからです。ごまかしがきかないからこそ、その人のすべてが一瞬に分かってしまう――そんな気がします。

私は何度でも打ちのめされないと、自分が分からない人間のようです。すぐに自分の力のなさを忘れてしまう。ろくに努力もしないですぐに疲れてしまう情けない人間です。子供たちの目が、姿が、先生方の一挙一動が、それをまた教えてくれました。

やはり、乗り越えるべき目標としては、先生はあまりにも遠すぎます(私は気が遠くなりそうです)。やはり、限りなく近づくこと、それさえも、いったい、いつになるのか分かりませんが、そのための小さい一歩をまた踏みしめました。

一学期の終わり、ぼくは林についての二〇枚近い実践の報告を職員会に提出した。その報告の終わりは、次のような内容だった。

緊張の日々をかえりみて

彼を受け持って二カ月、学級通信五十号の中に、ぼくは次のような文章を書いた。

「この二カ月有余、このクラスでは、たくさんの人間が変わった。よく耳にもする、〈子供が変わりました〉と。

誰が一番変わり、誰が一番成長したのだろうか？　これだけは自信をもって答えられる。一番変わり、一番成長したのはぼくだ、教師自身だ。

教師としてのぼくが、そのもてる力量の隅々まで、幹も枝も小枝も、そして葉っぱも、葉っぱの先についたチリクズまで、点検され問い詰められたことは、今までになかった。ぼくは教師として、さらに成長した。

そうした場を与えてくれた。林を始めとする三四名の子供たちに、心から感謝をささげ、五十号の言とする。」

ぼくが問い詰められた点とは何であったのだろうか？

その第一は、威圧的な指導が全くできないということであった。ぼくは、そういう方法をかなりとっていたから、いかなる場合でも威圧的でない方法をとるということは、始めつらかった。説得的で、感動的で、論理的かつ倫理的でなければならなかった。しかし、振りかえってみるとよかったと思う。子供は、小さな小さな声でも聞き分けてくれた。静かなクラスとなった。

もし、教師の権威というものがあるなら、それは外的なものではなく、内的なものであろうと思う。

問い詰められた第二は、一人一人を見るということである。見ているつもりが一人一人を見ていなかった。一人一人を見る力とは、限りなく深いものがある気がする。そのかすかな素質さえ、その心のひだにかくれているのさえ、見てとれるまでの力が必要なのだと思った。

問い詰められた第三は、計画的に教育をしていくことについてであった。彼を軸とした教育は、一日、二日ではできない。思い付きでもできない。何本もの伏線が必要であり、いくつもの手だてが必要であった。計画的に手を打っていく、積み重ねていくことが絶対に必要であった。

問いつめられた第四は、自分の心である。「どの子も可能性がある」と言ってきた言葉を自分は信じ続けられるかということであった。自分の教育の信念は、背骨は、どれだけ頑固かということであった。

あの日々、緊張の連続であった。夜、寝られなかったこともしばしばあった。教師生活十年にして初めてのことだった。

はや一学期が過ぎ去ろうとしている。これを書いている今、林が来て、島崎藤村の「小諸なる古城のほとり」を三番まで暗記したと言ってきた。他の子も嬉しそうであった。覚えるのに四カ月かかった。四カ月もかかったとは思わない。彼は、四カ月もかかることをやり通せるようになったのであった。かつて二文字の言葉を覚えるのさえ全く拒否した子がである。

再び、あらたな峰への、前進は始められた。


さらにぼくは、当時の学級通信に次のような記事を載せた。


教育の仕事は、子供を成長させる行為のみで成就できるものではない。教師もまた、成長を続けなければならない。教師が、成長のための努力を怠った時、子供もまたその成長を止める。教師の成長と子供の成長は一体のものである。子供の成長は教師の成長に規定され、教師の成長は子供の投げかける課題をどう受けとめるかに規定される。

未知の子供のもちよる新たな資質・個性・困難との邂逅は、常に新鮮であり感動的であり劇的だ。新たな出逢いが新たな課題をもたらし、その課題への挑戦が新たな自分を発見させ自己を変革させていく。

教育とは、実践され始めた場合には完結されるべきである。子供にとっては、その時その時の教育は他に代えがたいからである。教師にとっても、その時その時の教育は、自己のすべてを尽くした結果であるべきだからである。教室には、そうした人生そのものの厳粛さが存在すべきであると思う。

もとより、ある瞬間に完結された教育は、その子にとってすべてではない。人生のささやかな通過点にすぎない。しかし、そんな一過性の通過点を完結させ、そしてそれを越えることを願って送り出すのが教師であると思う。

自分のすべてを尽くして完結させた教育より、さらになお高い教育を創り出すために教師は次の仕事に向かう。自分のすべてを尽くした教育より高い教育は、自分の何かを否定しなければ、新たな内容を自己に築かなければできはしない。教育とは、創造し、否定し、創造する営みの連続である。

子供の成長は、こうした教師の自己との闘いによってこそ支えられる。

ぼくにあるのは、子供の成長を信じる頑固さと、それを具現化する執念だけである。その頑固さと執念こそが、腕を向上させ魂の世界を押しひろげていく。

教室の中で、子供と自分の可能性を追究する営みは、身近な親にさえ目にもとまらぬことではあるが、ぼくにとっては安息なき追跡の日々である。それはまた、自分の仕事を愛し、自分のロマンに跳躍しつづける人間の、生きている証しでもある。

彼は変わったと、多くの人々から声をかけられた。彼の近所の人たちは「どんな先生だって変えられない」と話していたという。その人たちが、彼がどう変わったのか言ってきてくれた。

母親や同僚からも多く聞いた。給食の調理員さんたちに、ぐるりとかこまれて話したことがあった。給食の調理員さんたちは、涙で顔をぐしょぐしょにしながら喜んでくれた。昔、女の子を傘でいじめていたので注意したが、まるで言うことを聞かなかったことや、最近、給食室に食器を返しに来る時、一番折目が正しく、道で会ってもニコニコと挨拶するようになったことも聞かせてくれた。給食の調理員さんたちの間でも、その変化が噂話となっていたのだという。

多くの人の言葉によると、顔つきまで変わり全く別人のようになってしまったということだった。

六年二学期、彼は連合運動会の徒競走で、他校の五人を相手に三位に入賞した。「涙が出るほどうれしかった」と、彼は作文に書いていた。

日本中で、困難にぶつかりながら教育の仕事に打ち込んでいる名さえ分からぬ仲間たちに、ぼくもまた、自分の場でその仕事に全力を尽くしていると伝えたいと思った。なぜか、突然そうした考えが浮かんできた。

## 3　教師と修業

### （1）放課後の孤独な作業

子供が帰った教室はひっそりとしていた。誰もいない教室でただ一人、ぼくは机を順番に見ながら、子供たちたちの顔を思い浮かべていた。その日の出来事を再現するためであった。「吉田、田中、小泉……」座席ごとに子供の顔を思い描いた。

昭和四十三年四月、ぼくは新卒教師で三年生の担任であった。羽田飛行場に近い東京都大田区立大森第四小学校が、ぼくの教師出立の場所であった。

机を見ながら子供の名前を言っていくうちに、何度もつっかえた。子供の名前がすっと出てこないのである。そんな時、自分自身が無性に腹立たしかった。机を見ながら、子供の顔と名前とが、すっと思い出せるまでに一週間の日時が必要であった。

その次は、座席を見ながら子供と話したことを思い出そうとした。印象的なことはすぐに思い浮かんだが、日常的なあれこれの言葉はなかなか出てこなかった。本日のも昨日のも一昨日のも、ごちゃごちゃになっていた。「社会科の時に一五名ぐらい発言したが……」と思っても、一四名なのか一五名なのか一六名なのか、はっきりしなかった。「遊びながらおしゃべりをしたが……」と思っても、何のことだったか鮮明に浮かんでこなかった。子供たちの意見も、ぼんやりとしか思い出せなかった。

子供たちの発表をぼんやりとしか思い出せなければ、その日の授業の反省もあいまいなものにならざるをえなかった。それは自分自身の仕事をいいかげんですませておくことであった。ぼくには耐えられないことであった。教師になったのは、生きる糧を得ることと共に、その仕事に自分の人生があるように思えたからだ。ぼくはだらしない人間だが、自分の人生そのものがいいかげんでよいと思うほどにはさめていなかった。

来る日も来る日も、子供の帰った机を見ながら、その日の会話を思い出す作業を続けた。やがて、少しずつ思い出せるようになっていった。しかしそれは、実に遅い進歩であった。ちょっとしたことをはっきりさせようとすると、子供の言葉はすぐに霧の中に逃げてしまうのだった。逃げていく子供の言葉を必死でとらえようとするこの作業は孤独なものだった。たった一人のこの作業を、途中で何度止めようとしたか分からなかった。そのたびに、他の職業の人を思い描いた。「野球で打者は投げられた球を静止してとらえるではないか」「実況放送のアナウンサーは、電車の中から商店街の店々を見分けるではないか」「オーケストラの指揮者は、あの音の洪水の中から、違う音を指摘するではないか」と。ぼくにも、一日の子供の言葉が思い出せないはずはないと自分に言い聞かせて、放課後の日課を続けたのだった。

ぼくにとって長い時間の末、子供たちの発言がくっきりと思い出せるようになってきた。その時の子供の表情もまわりにいる子の表情も見えるようになってきた。それは思い浮かぶのではなく、向こうからおしよせてくるのだった。鮮明に像が浮かび上がり、それと関連した場面が次々と浮かび、そして全体の姿がくっきりと映し出されるのであった。

どれほど資質のある素人でも玄人の腕は真似られないとぼくは考えていた。素人が真似できないからこそ、玄人の誇りがあると考えていた。素人の力は、しょせん持ち味であり器用さにすぎないのである。玄人の力は長い間にわたる修業の結果なのである。アマの力は器用さであり、プロの力は技術なのである。およそ、職業と名の付くものはすべて、この修業の時期を経て一人前になる。職業として通用する腕は、どれほど気の利いた素人でも真似られるものでないからだ。

しかし、残念ながら教師の世界ほどこの修業が少ない世界はない。教員の免許状は最低の条件を有しているにすぎないのに、なぜかそこで止まっている場合が多い。自分の腕をみがく研究授業でさえ、年に一度もしない人も多くいるのが実情なのだ。どの仕事にも、その仕事の腕を伝えていく教育の方法があるのに、皮肉なことに教師の世界では仕事の腕を伝えていく方法がはっきりしていないのだ。教師の世界に、教師自身の教育が不在なのである。それに近いのである。数少ないきたえの入った人に出会い、教えを乞うか、自分で自分に厳しく課して、具体的な努力を続けるしかないのである。ほとんどの教師は、その出立にあたってこうした決意をしたはずであった。だが、多くの教師は日常の生活の中でそうした決意を忘れ、年を重ねていくのである。「年をとった教師が必ずしも腕の良い教師ではない」と、よく言われることも、このことの一つの証しである。

ぼくは、教師を自分の仕事とする限り、泣きの入った腕をもたなくてはならないと思っていた。どれほどすぐれた持ち味のある人でも手が届かない境地に立ちたいと思っていた。そのためには、自分で努力するしかなかった。それがどれほど遅々たる歩みでも、一つまた一つと自分をきたえていくしかなかった。その一つが、放課後に座席を見ながら子供の顔や言葉を思い出すことだった。指先のかすかな動きに、子供の意志を見ながら子供の顔や言葉を思い出すことだった。そんな気の利かないことでも続けているうちに、顔の表情や指先の動きさえ分かるようになっていった。指先のかすかな動きに、子どもの意志を感じられるようになっていった。それまでに、三年の歳月が流れていた。

ぼくは七年間を、こうして大森第四小学校ですごした。楽しく充実した日々であった。

大森第四小学校は、京浜工業地帯の一角、中小工場の密集する海岸地帯にあった。もとは海苔《のり》の生産を主とした漁村であり、海苔をほしていた空地にはアパートが立ち並び、町工場がひしめいていた。

学校の屋上からは緑が見えず、林立する煙突だけが見えた。子供たちは、煙突の林を、緑の森になぞらえて文章を綴っていた。

ぼくの森ヶ崎

西尾　徹（五年）

ずっと向うには
太陽でピカピカ光り
青い大空とつながった
海がある

ずっと向うには
大きな緑をしょって
ずでんとすわっている
山がある

ずっと向うには
まっ青な空の中に
ギラギラと
飛び込んできそうな
太陽がある

ずっと向うには
どっしりとした緑と
青く
どこまでも続く海と
雲一つない大空と
白い波間に
顔をかくす太陽の

大きな
大きな

自然の
公園がある

ここには
魚さえすめないドロドロの
ゴミすて場のような
海がある

ここには
空をこわす煙突と
枝もないコンクリートの
森がある

ここには
灰色の雲にかこまれ
ほんの

かすかに見える
太陽がある

ここには
もくもくと吹き出す煙突と
びっしりとしきつめた工場と
水もなく黒ずんだゴミすて場と
今や
海苔舟も通らない
海がある

工場のかたまり
ぼくの森ヶ崎

羽田飛行場のそばにあって、校舎は防音のため二重窓になっていた。庭が小さいため、ガラスでできたレンガが壁になっていた。その校舎は、何か牢獄を連想させた。

大森駅からバスにゆられて、第一京浜国道に出て、分かれて産業道路を通り、さらにはずれて昔ながらの道を海岸まで来ると学校があった。新任の先生は、幹線道路から離れるたびに心ぼそくなったとこもごも語っていた。

保護者の多くは町工場で働いていた。地方から集団就職でやってきた人が多かった。昔からの海苔屋さんは、アパート経営をしたり、工場を経営したりしていた。土地で育った人の間では本家・分家・新家の区別がはっきりしていた。

生活の不安定が著しい家もあった。四畳半に親子七人で生活する家族もあり、押入れで寝起きしていた。押入れに置いてある机の使用は時間交代であった。また、父親がアルコール中毒で入院して、母親が朝の六時から夜の十二時まで働いている家もあった。

年に何回かは、母と子で家出をしてきたという子も転入してきた。家出した母と子供の問い合わせや、借金取りの問い合わせも、たまにあった。

そうした生活を反映して、保守的な風土、革新的な土壌、新興宗教にたよらざるを得ない生活が混在していた。

しかし、人の情にあふれた街であった。純朴で、誠実な人々が多かった。学校のことを大事にしてくれたし、教師を励ましてくれた保護者が多かった。

子供たちも、明るくて素朴で率直であった。教育実習に行った学芸大学の附属小学校や、住宅地の田園調布小学校の子供たちより反応が早かった。

しかし、見方を変えれば、粗野で乱暴ということでもあった。言葉遣いもぞんざいであったし、忘れものをする子も多かった。顔を洗う、歯を磨くという習慣のない子も半数近くいた。

休み時間は元気よく遊びまわるのに、授業になると黙り込んでしまう子供が多かった。多くの教師は、そういう実情を地域のせいにし、子供のせいにしていた。「どうしようもない」「やってもしょうがない」という感情が職場を支配していた。そうした中で、懸命に教育に取り組む教師たちもいた。新任の教師に多かった。そのため「外国人部隊」と呼ばれたり、「どうせだめだよ」という親切な忠告を受けたり、あるいは無視されたりしていた。

そうした教師の努力も、実を結ばないことが多かった。あきらめて、その地を去った教師も多かった。

しかし、職員会議・研究会はいつも白熱した論議が行われていたから、学ぶべき点も多かった。夜遅くまで教材研究をしたり、仕事をしたりしている姿も見られた。組合も強かったし、勤務時間の範囲などについてははっきりとさせてあった。そうした権利の獲得には原則的であったが、その使い方はさまざまであった。電灯をつけて教材の準備をしているらしい光景も多く見られた。自由な雰囲気の中で、日々の教育に熱中する人々も生まれてきたのだった。

## (2) 新卒時代の日記

ぼくが大森第四小学校(以下、大四小)に赴任する時、校長の石川正三郎先生も赴任した。論理的な人であり、心温かい人であった。

当時大四小には、大学の時に学生運動をしていた人が多くいた。その上、主張することもそれぞれちがっていた。

石川先生は、そうした若い教師とよく話し合っていた。特に酒の席では、三時間でも四時間でも教育のことを論議していた。酒の時ぐらい教育の話はよそうという人もいたが、そんな人に限って研究会で発言をしたことがなかった。ぼくには、酒席での教育の話はことに面白かった。石川先生と若い教師たちの話は、多くは平行線をたどった。それでも、次の機会には再び論議を続けるのであった。そんなことが、一緒に在職していた四年間、絶えることなく続けられた。話がそれそうになると、話を教育のことに戻し、温かく、しかし頑固に論議するその姿に、ぼくはなぜか心動かされた。ぼく自身、学生運動を経験していたこともあって、大人の社会はもっと冷たく汚いものだと思っていた。特に校長というのは、教育を害する根源の一つだと思っていた。しかし、初めての学校の校長は、ぼくのそうした予想とはまるでちがっていた。

教師になって一カ月目。ぼくは日々の出来事の中の印象的なことを綴り始めた。一度、書いたのが、校長の目にとまって、温かく適切な意見を言われたのがきっかけであった。

今、十年過ぎて読み返してみると顔が赤らんでくる。気負っていて、内容も拙い。しかし、何かすがすがしい気もする。多くの教師は、やはりその青年教師の時代には、ぼくと同じような心で教育に打ち込んでいたのではないかと思われるのである。

### 子供のストライキ起こる　一九六八年六月二十日

昼休みの終わりのチャイムが鳴った。一緒に遊んでいた子供たちに、

「さあ教室に入りなさい」

と、追い立てるようにいった。

遊びざかりの三年生、昼休みの二十分じゃあ動きたりない。

「先生もっと遊ぼう」「遊ぼう」

てんでに、がやがややって一向に教室に行く気配がない。ぼくが以前に、「いつか遊んでやる」と言ったのをたてにとって責めたてる。

「遊ばないと、教室に入らないから」

と言って、あとにひかない。

なだめたり、すかしたり、おどしたりするが、数をたのむ敵はまるで平気なようすである。

二十分の休み時間の遊びで疲れ切っているぼくは、ついにかんしゃくが爆発する。

「教室に入らないなら、そうやっていろ！」

一言怒鳴って、ふてくされた顔で教室へ戻った。

ぼくのあまりのけんまくに驚いたのか、半分の二十名位は一緒に戻ってきた。中には、ぼくより早く教室に戻って、席に着く子もいる。こういう、小回りの利くのは大嫌いだから、よけいに腹が立ってぷんぷんする。

残りの子供たちは校庭にそのままだ。見るのもしゃくだが、内心不安になって、三階の窓からのぞくと、何やらごそごそ相談している。

「教室へ入れよー！」

窓から大声で怒鳴ったが、子供たちはチラッと上を見ただけで、あとは何も反応しない。すぐ、ごそごそと相談を始めている。

「先生！　ストライキやっている子なんか、ほうっておこうよ」

「先生！　かまわなけりゃいいんだよ」

教室の子は、校庭の子を切りすてごめんだ。やけに冷たく言いやがる。

「先生、ストライキって何ですか？」

「お前知らないのかよ」

教室の中も、がやがやし始めた。

ぼくは、班の同じ人を連れてくるよう子供たちに言った。

「いいかあ、先生がかんかんになっているって言ってもいいし、何を言ってもかまわないから、同じ班の人を必ずつれてこい」

「はあーい」

子供たちはいっせいに飛び出していった。いやひと組だけ、相談している所があった。どうやら何といって連れてくるのか話し合っているらしい。

まもなく、ぽつり、ぽつりと、照れくさそうに七、八人も戻ってきた。これで三分の二になった。

窓から見ると、まだ十二、三人残っている。ふてくされて上を見上げるもの。むやみに石をけとばしているもの。ベンチにねそべっているもの。池をのぞいているもの。花だんのふちに登っているもの。あかんべーをやっているもの……。

子供たちの強さをぼくは感じた。

そのたくましさに、降りていって抱きしめてやりたい衝動にかられる。「さすがに、京浜工業地帯の子だ!」と当然ながら心で思う。

「だがなあ、お前たちには、この程度のことで俺は満足できないんだ。それが本物でなけりゃなあ」と心に思いつつ、冷酷にとどめを刺す。

「よーし、お前たちのお母さんを呼び出すからな。そうやっていろ。動くなよ。いやなら今のうちに中に入れ」

怒鳴った。

小学校の三年生にこうまで言うのは過酷と思いつつ、そして戻って来ないことを祈りつつ

親を呼び出すということに大きく動揺した子供たちは、またごそごそやり出した。口げんかもしているようだ。上からぼくが大声でせきたてる。

一人、また一人と玄関に向かった。残ったのは四人だけだった。その四人は、ぼくが初めて見た偉大な子供たちであった。

四人を残して授業を始めた。ぼくは四人が気にかかって授業にならない。十分くらいしてまた、子供を迎えに出す。

言い争いをしているらしいが、もどる気配はない。「来ないよ」といって子供も引き揚げてくる。

ぼくは自分で出かけていった。

「おい、もういいかげんに中に入ってくれよ」

やさしく、子供にたのみこんだ。

やっと戻る気になってくれた。最後まで残ったつわもの四人、男一人に女三人。

教室へ入った瞬間、その一人平川孝子が、仁王立ちになって、みんなに叫んだ。

「なんだよみんなは！　どんなことがあったって教室へ入らないとあれほど約束したじゃないか。卑怯だぞー」

言いながら泣き出し、言い終わったとたんワーワー泣き始めた。京浜工業地帯のたくましい息吹きをそこに見て、ぼくは胸が熱くなった。

初めての手紙　六月二十一日
「せんせいへ　よしのけいこからおてがみです。で《ママ》ようびにもか《ママ》ってあげる」

初めて自分の意志を手紙に書いた知的障害の子の手紙を受けとる。心はいつも貝のように閉ざしていた。何とかしなくてはと、遊びの時などいつも手をつないでいた子である。やがて、ぼくが鬼だとすぐそばに来てつかまえられるのを喜ぶようになった。この手紙にぼくは湧きあがるような喜びを感じた、大好きな先生へ（きっと）この子は、いっしょうけんめい絵を描いて、手紙を書いたのだ。教師冥利に尽きる手紙ではないか。この子を受け持って二カ月、初めて見付けた変化である。

「先生お水のみにいっていいですか」

「いま授業中だからだめだよ」

しばらくするとまたやってくる。

「先生、ごふじょうにいってもいいですか」

これはだめだとは言えない。

「ああ、いっておいで」

この子には、水のみや便所が目的なのではない。教師のそばにきて、身体にさわること、何か話をすることが目的なのだ。

こうした変化が出始めた子が手紙をくれた。貝のように閉じた心が開き始めたのである。

「教頭先生の所へ行って、赤えんぴつをもらってきてくれないか」と、ぼくはその子にたのんだ。今までに用事をしたことはなかった。しばらくもじもじしていたが「うん」といって教室を出ていった。ぼくは、別の階段から飛ぶように教頭の所に行って事情を話し、また教室に戻った。しばらくして、赤鉛筆を三本大切に胸にかかえてその子は戻ってきた。

クズ屋の子　六月二十五日

「先生！　佐藤さんは、僕のことクズ屋の子と言うんですよ。それにお金がないからクズ屋の寮に入っているって言うんですよ」

松岡がべそをかいて、ふんがいした顔でぼくの所にやってきた。松岡は成績はよくないのだが、人にとても親切であり、背も高く、スポーツの得意なたくましい子である。授業中もよく発表して努力する子である。

ぼくは、かーっと頭に血がのぼって佐藤を怒鳴りつけた。

「佐藤！　松岡に何と言ったか、もう一度言ってみろ」

ぼくは、怒りにふるえる声で怒鳴る。松岡がうけた心の傷を思うと、怒鳴るのももどかしい感じであった。

松岡の怒りと寂しさを、ぼく自身のものとしなければ、教師なんていらない。教育なんてありはしない。

「クズ屋って言ったんです」

うつむいて、べそをかきそうな佐藤がポツリといった。

「クズ屋だから何だっていうんだ」

ぼくは、相手のいい終わらぬうちにまくしたてる。佐藤は下をむいたままだ。教室中の空気がピーンと張りつめる。そして、休み時間なのに声一つしない。

うつむいていた佐藤の目から、ポロッと一粒の涙がこぼれ落ちた。見る間に顔中が涙でぬれ、くちゃくちゃになった。そして、しゃくりあげながら口を開いた。

「あたしだって、あたしだって……クズ屋の子だけど……」ワァーと泣き声をあげた。

そうだったのか。クズ屋の子といってはやし立てた本人が、クズ屋の子だったのだ。同じクズ屋の子を、クズ屋の寮に入っているとはやし立てるのだ。そういう自分も四畳半に親子三人の生活なのだ。何という寂しいことであろう。ぼくもまたワァーッと泣きさけびたいほどだった。

「ぼくは、この森ヶ崎が好きだ。働いている人々と日夜動く工場とのたくましさがすきだ。塚中がきのう言ったように、ぼくは総理大臣がえらい人とは思っていない。それよりも君たちのお父さんやお母さんの方がえらいと思っている。ぼくの親父も油にまみれて働く人だった……」

ぼくは必死で子供たちに語りかけた。

その話のどこまでが子供に分かり、小さな胸の奥底まで伝わるか分からなかったけれど……。

ぼくは必死で語り続けた。自分の父母の職業に恥ずかしさを感じさせているのは一体何なのか。子供にかくも寂しい思いをさせているのは何なのか。

ぼくはその目に見えない敵を前に、子供に語り続けた。負けてなるものか。負けてなるものかと……。

新卒の時から、ぼくの勉強・研究の方法には、いくつか心がけている点があった。

一つは、自分の研究内容を、その時の課題に合わせることであった。子供がもちよる問題、学校全体の研究の課題、校務分掌等の日々の当面している課題に自分の研究を合わせることだった。この方が無理がなく、しかも多くを学べた。十年間経ってみると、ずいぶんと多方面の研究をしたことになっている。たとえ、掃除用具の仕事であろうと、学校全体の教育の状況を考え、つっこんで考えていくと、学ぶべき点や研究すべき点も多かった。もう一つは、仕事をする時に、できる限り、大作主義でのぞんだことだった。研究授業は何度もやったが、その折には、授業案とは別にそれと関係する研究レポートを提出した、要領よくまとめることは考えなかった。そういうことは、年をとってからすればよいと考えていた。できうる限り最大のものをやろうと心がけた。一番最初の研究授業の時は、学校全体の研究テーマに合わせて「視聴覚教育の一試論」という三〇ページほどのレポートを提出した。一番最近のは、校内で生活指導主任という仕事を分担していることもあって、一年間の生活指導の活動をまとめた「調布大塚の生活指導」という冊子であった。ページ数に直すと二〇〇ページに近いものであった。

ぼくは今の仕事をやり終えた場合「あれでせいいっぱいでした」と、言うことにしている。その時その時の仕事は、その人間のすべてなのであると思っているからである。

その時その時の仕事は、他にとって代わることができない。その時期にしかできないものが多い。一つ一つの仕事に対して、全力を尽くしてあたることが、自分の力量を高めていく最も良い方法であると思っていた。新卒時代の日記もそうした仕事の一つであった。現在は、このようには書いていない。記録という形式に徹底している。

## (3) 子供に自由と平等を!

三年生の社会科の研究授業をした、新卒の時のことであった。

その授業では、地域の商店街で扱われている商品の生産地はどこかというのが課題であった。子供たちは調べてきた結果を表にして発表し、活発に話し合いを行っていた。

担任してすぐのころ、子供たちはおずおずとしか意見を言わなかった。「何を言ってもよい」という討論の段階から出発したのであるが、研究授業の頃には、テーマからはずれた発言は他の子にたしなめられるようになっていた。

研究授業の時、子供たちはのびのびと、はきはきと、核心にせまった発言をしていた。

その後の研究協議会の折であった。年輩の六年担任の女の先生が、「子供たちはよく発言していたけど、それは年が小さいせいでしょう。高学年になると、ほとんど発言しなくなってしまいます」と、意見を述べた。若い教師たちが、「どうしてあんなに活発に発言するようになったのか」と、しきりに言っていたことに対する、その先生の答えであった。

「発言ごっこみたいだった」と言った年輩の先生もいた。子供たちが活発に発言したことを、変に意識した意見みたいであった。教師は、子供が少しでも良くなると、自分の手柄として主張するが、子供の悪いところは地域のせい・親のせい・子供のせい・教科書のせい、などにしがちである。この意見もその一種に感じられた。

ぼくは、この女の先生の意見に反対であった。子供がよく発言するのは、「三年生だから」ではないからである。その当時、学校では、誰かれとなく発言が少ないことが話し合われていた。二年生でも、三年生でも、発言は少なかったのである。そんなことは十分に、その先生は知っているはずだった。

さらに、「六年生になると発言しなくなる」ということにも反対であった。ぼくが六年生の教室に補教に行くと、けっこう子供たちは発言していたのである。しかし、新卒のぼくには、そのことに反論していく実践がなかった。まだ教師一年目、三年生担任の経験しかなかったのである。

「三年生だから発言する。六年生になると発言しない」という言葉は、ある種の怒りと共に、ぼくの心にすみついた。〈今に見ていろ。六年生でも活発に、自由に発言する場面をお目にかけてやる〉と、自分の心にしきりに言い聞かせた。〈発言しない・発言できないこと〉を、教師が人ごとのように見ていることに対し、なぜか子供が不憫に思えたのであった。

教室で出現する子供の欠点は、何よりも教師としての自分自身の力量の不足によると考えていた。教育とは、教育という営みによって、子供の成長を永遠に求め続ける仕事である。子供は自然に変わるのではなく、教育という営みの中で成長するのである。

子供が変わらないとしたら、教育の営みがわるいのである。教科書・教具・授業方法など、いろいろな構成要素があるけれども、授業を組み立てるのは結局のところは教師であり、教師の腕にかかっていると言ってよい。他の構成要素は、二の次三の次のことである。どれほどの設備があっても、腕が未熟であれば教育の効果はあまりのぞめない。

確かに劣悪な教育条件は改善されなければならないが、そして、そのために力を注ぐことも大切であるが、忘れてはならないのは、教師の力量が決定的であるということである。同じ条件のもとで、同じ指導案で同じ教材を使ってちがう教師が授業をすれば、やはりそこにはちがいが生まれてくる。

先の女の先生の発言には、自分の実践を省みる意識がうかがえなかった。「年齢のせい・子供のせい」にしていたのだ。自分自身の力の無さを省みない不遜な発言に対し抗議する術のない子どもたちに、ぼくは不憫さを、いとおしさを感じたのであった。

ぼくに必要なのは。事実で反論していくことであった。そのためにどれほど時間がかかろうとも、事実で示していくことだと、何度も心の中で誓った。ぼくは、思想や考えで教育を語るよりも、事実や仕事で教育を語っていくべきだと考えていた。それが、実践の場にいる教師のとるべき態度だと考えていた。

学校にいる子供たちは、確かにあまり発言しない傾向はあった。しかし、一年生に入学した当初は、どの子も活発に手を挙げていたのだ。分からなくても手を挙げるというようなほほえましい場面も、まま見られるのであった。そのように、活発でいじらしいまでに向かってくる子供たちが、発言しなくなるのはなぜだろうとぼくは思った。

それは子供のせいなのだろうか、それは学校のせいなのだろうか、それは家庭のせいなのだろうかと考えた。それは人為的な結果なのか、あるいは自然にそうなるのか考えた。

女の先生は、子供の年齢のせいに、自然にそうなると断定した。ある先生は、地域のせい、子供のせいにした。

ぼくは、この変化が、学校生活を通して生み出されている点に注目した。家庭では、元気な子供たちであったからである。

六年生になっても発言している子は、いわゆる「優等生」であった。逆に言えば、「優等生」以外の子が段々と発言しなくなるのである。「優等生」以外が、学校生活を通して段々と発言しなくなる事実は、学校の教育活動の中に原因があることを示唆していた。「優等生」によりかかった授業・教育活動がその原因であるはずであった。

教師が発問をし、それに「優等生」が得意そうに答えるという、貧弱な授業が目に浮かんできた。教材の本質を理解して、さまざま角度から授業が展開できれば、そんなことはないはずだ。一人一人の子供のことをよく知っていれば、いろいろな考えを引き出せるはずであった。まちがいの中から真実に突き進むという学問の基本をとらえており、それを授業に組み立てる力量を持っていれば、そんなことはないはずであった。

つまるところ、教材を分析していく力量、一人一人を具体的に見る力量、学問的な素養、授業を組み立てていく力量の不足が、貧弱な授業を生み出し、「優等生」中心の授業にしていく原因であった。

そうした原因を多くの教師は考えないのである。それは、ある面で自分を否定することであり、自分の弱さと対峙することであり、自分に変革をせまることであった。心痛く、つらいことであった。だから、見ようとしないのだ。親・子供から「先生」と言われる身が、自分で「先生」の権威を否定していくことができにくかったにちがいない。教師の力量の不足からくる事実を、子供の責任にしていくことで、心理的安定と仲間うちでの了解をはかっていたのであった。

幸いなことに、ぼくの赴任先の学校には、そう考えない教師も多くいた。ぼくの学年主任の小出先生は、教科指導にすぐれた力をもっていた人であるが、「ぼくは、子供の責任にする考え方に反対だ」とよく言っていた。そういう教師の存在は嬉しかったし、心強かった。小出先生が授業をしている時に廊下を通ったことがあった。教室から伝わってくる、静かな、張りつめた子供たちの緊張感が心に強く残ったことがある。その時の授業は、ある本で発表されていたが、廊下を通っただけでひしひしと伝わってくる鋭さをはらんだものだった。そうした教師が学校の中心にいたことは、ぼくには幸いであった。

教師が貧弱な授業をしているという原因とともに、もう一つ重大な原因があった。それは、学校の教育の構造として、長い間に培われてきた古い教育の形であった。誰しもが疑うことがないような日々の教育の中に、実は「優等生」だけが脚光を浴びる構造が存在していたのである。

脚光を浴びる華やかな場面は事実上「優等生」が独占していた。「学級委員」は、ほとんど優等生がなっていた。せいぜい学期交代にしてお茶をにごすくらいであった。成績のわるい子は、まずほとんど「学級委員」にはなれなかった。「学芸会」の主役も、展覧会などで賞を受けとる子もまたそうであった。集会での挨拶もそうであった。各種コンクールもまたそうだった。「優等生」には実に心地よい場所が与えられ、それ以外の生徒にはせいぜいおこぼれがたまに回ってくるだけであった。

運動会にはほとんどの学校で、紅白リレーが選手によって行われる。なぜ、運動会だけは、特別の選ばれた子に檜舞台が与えられているのか不思議だったが、学校の運動会では長い間、それが疑うことのない慣習として行われていた。もし、授業参観で算数競技会が行われ、算数の得意な子だけの競争が行われたとしたら、それは誰にでもおかしなこととして映るにちがいないのである。それと同様のことが、疑うことのないこととして続けられているのである。ある人は、「リレーは運動会の華」だと言った。「リレーが運動会の華」であることは、それだけ他の演技が貧弱なことなのだが、それは別におくとして、「リレーが運動会の華」ならばリレー選手は、運動会の花形であるはずである。教師自らが、花形を中心にした教育活動をしている一つの証拠である。

ある人は、「勉強で浮かばれない子供がリレーで浮かばれる」と言った。リレーでしか浮かばれないようなひどい教育をおこなっていることを証明しているが、それはさておいても、事実とくいちがっていた。リレーの選手になる子供の多くは、やはり「優等生」であったからである。むろんたまには、そうでない子もいた。しかし、多くは「優等生」であったのである。

このようにして、授業の中でも、それ以外の教育活動の中でも「優等生」は脚光を浴び、そのためにますます多くの学ぶ機会が与えられ、それ以外の子は段々と自信をなくし、やる気さえなくしていってしまうのであった。こうした事実を見詰め、それを変えていくのでなければ、「のびのびと発言する子供たち」は、いつまでたっても望めなかった。

ぼくはそのころ、自分自身の授業の声を録音してテープに収め、反省し検討することを行っていた。テープをいつも準備していたので、毎日のように聞き返した。時には、何時間もかかってテープを起こし、仲間との研究会で検討した。

そうしたことをするとともに、学校の中にある「優等生」を中心としたシステムを一つ一つ変えていく努力を行った。若い教師が多かったせいもあって、同じように考える人もかなりいた。年輩の先生の中にも、今までの自分自身の経験からぬけられないで、反対する人もいたが、一つ一つの事実の積み重ねによって、理解してくれる人も出てきた。賛成・反対を一つ一つ詰めていく職員会議の論議は、ぼくにとって、とてもよい勉強の場であった。見落としていたり、独りよがりであったこともあり、反省もさせられた。しかし、学校全体としては、大きく変革されていった。

教師の仕事の一部を手伝わせていたり、「優等生」のみの舞台であった学級委員を事実上廃止し、それとともに児童会の組織を大きく変革した。代表委員会に出席する代表委員は、各クラスごとに児童を輪番で出席させることにした。こうすることで、全児童が一年間のうち一回は代表委員を経験することになった。単純な当番のみを仕事としていた委員会は廃止して、当番の仕事はクラスごとの交代にした。委員会は真に子供が創意ある活動ができるもの、全校に対して文化的な場を提供できるものに限定した。

これらのことは、「子供が成長できる活動的な場を与えなくてはならない」という教師の意識のあらわれであった。

賞を与えて子供を励ますという教育方法は、実は遠い昔、大宝律令の中で定められたことであったが、長い間延々と続けられていた。十年前の夏休みに研究会の仲間と東京学芸大学図書館で調べたことだった。「人材を登用する。優秀な者を選択する」ということを目的とした教育の中にあっては、確かに有効な方法であった。江戸時代も、明治・大正、昭和の初期もまた、そうした方法は受け継がれた。第二次世界大戦後、教育の方向が変革され、教育の姿は大きく変わったのであるが、学校の中では、そうした古いものはやはり息づいていたのである。

賞を与えるという場面はいくつかあったが、一つ一つ検討を加え、原則としてなくしていった。学校が出す賞は廃止した。スポーツ大会などの類のものは、主催者(児童会)が出すのは認めた。各種コンクールは一位・二位という形ではなく、それぞれの特徴をあらわした賞を全員に出すという形に変えた。むろん、努力・成果を評価しないということではなかった。そうした努力を、賞という安易な形でうながしたり、表したりすることに反対したのである。

運動会での選手による紅白リレーも廃止した。その代わり、徒競走に代えて、全員による学級対抗リレーを行うことにした。学級対抗リレーは、バトンタッチの優劣によって勝負が決まる。休み時間でも子供たちは熱心に練習して、当日は実にすばらしい流れるようなバトンタッチを見せた。どの子も、胸にゼッケンを付けてうれしそうであった。今まで徒競走でいつもビリで、運動会をいやがっていた子も大喜びをして練習に励んでいるという母親からの手紙も何通かもらった。同じ年、学芸大学附属小学校が選手リレーから学級対抗リレーに代えたことが本に載った。他にもそういう学校があることが心強かった。

（こうした変革をしていった多くの教師たちが大森第四小学校を転出して数年後、選手リレーは復活した。ぼくは、その時の運動会を見ていたのだが、卒業生の多くが「なぜ学級対抗リレーをしないで、つまらない紅白リレーをするのだろう。迫力がちがうじゃないか」と話していたのが印象的だった。その子達は、陸上・バスケット・バレーなどで区内で一位・二位になったことのあるスポーツマンであり、中には都で一位の子もいた。スポーツに打ち込んでいる卒業生にとっても、紅白リレーは実につまらないものとしてしか映らなかったのだ。ぼくは卒業生のそうした話を耳にしながら、学校の教育は結局のところ、それを構成する教師によって変化していく事実をかみしめていた）。

ぼくは、「委員長」などを決定する時に、選挙で決めるのに反対であった。選挙は、確かに集団を民主的に運営する上で欠くことのできない方法の一つである。それは義務教育の中でしっかりと教えなければならない。ぼくが疑問に思っているのは、人類が長い間かかって身に付けたことを、いきなり小学生の始めから与えることが可能であるかどうかということであった。例えば、学問の世界、真理を究める世界では、多数決原理はなじまない。少数派に真理があることがしばしばあるし、どの意見にも真理がないこともある。授業中には、少数の側に真理がある場合がしばしば見られる。

学校の中で言えば、多数決原理は一つの限定された中で、集団の運営の中で使用されるものであり、選挙はさらにその中の一つの形態にすぎないのである。

選挙は公平な方法のように見えながら、実は不公平な面をたくさん含んでいる。現実の政治の選挙の中でもそうした面は見られるが、学校の中では実にはっきりしている。選挙されて選ばれる子供は固定化しているということである。その固定の幅が小さい所もあれば大きい所もある、しかし、三十回選挙をして、三十回とも選ばれる人がちがうということは絶対にない。いつも数名であるか、十数名であるか、二十数名であるかは別として、固定されているのである。しかも、多くの学級ではこの固定される人数は少ない。

かくして、選挙によって特定の子供たちは（その多くは優等生であったり人気者であるが）みんなの注目を集める役が与えられ、そのことによって自信も付き、その経験によって成長の場が約束されるのである。形式的な民主主義の方法によりかかって、内実は不公平な事実をもたらしているのである。

小学校教育の内容として、ふさわしいものとは思えなかった。選挙による方法は、戦前のように教師が指名・任命していたのと比べれば、確かにすぐれた方法であった。そこには、教師によるひいき・差別が入らないからであり、子供たち自身の選挙に任せるという民主的内容を含んでいるからである。しかし、選挙による結果が、教師の指名とたいしてちがわない結果しかもたらさないのも事実であった。選挙で選ばれる層は、選ばれることでますます成長し、選ばれない層は、劣等感におかされていくということも事実であった。

ぼくは貴重な教育的な場は、どの子にも経験させるべきだと考えた。さらに、どの子でも、そうした役ができるはずであると考えた。それこそが、小学校教育では特に大切なのだと思った。

委員長・係長などの選出方法を、選挙にかえて、ジャンケン・くじで決めることにした。こうすることによって誰でもがなれるという可動的制度が存在することになった。今まで「優等生」以外立ち入ることがなかった聖域が、誰に対しても平等に開かれることになった。

はじめ、ものおじしていた子供たちも、今までやったこともない子が仕事をしているのを目の前に見て、次から次へと立候補するようになっていった。委員長に立候補する子がなくて困るとよく聞く。しかし、立候補しても選挙によっていつも落選している子は、「立候補してもしょうがない」と思ってしまうのが原因なのだ。

だから、選挙による選出方法を廃止したことによって、実にたくさんの子が立候補するようになった。実は、どの子も、晴れがましい役を内心はやりたいのである。選挙による方法では、みじめな気持ちをもちながら、あきらめざるをえなかったのだ。

しかし、単にジャンケンで決めるということだけでよいとは思わなかった。それは出発点の一つの条件にすぎなかった。どの子もやりたいという気持ちをもっているという、その積極的な気持ちを引き出すための方法にすぎなかった。その積極的な気持ちを大切にして、さらに高度な成長の場にしなければならなかった。

そこで立候補の時に「挨拶」をすることを、条件として課した。人の前で何か言うことのなかった子も、「やりたい」ために、前の人の真似をしながら、立候補の挨拶をした。やがて、方針を文書にして提出することが条件になった。毎回二〇人もの立候補者がいたが、どの子も五枚・一〇枚綴りの立派な方針案を書いてくるようになった。

こうすることによって、立候補の場はそれ自体が一つの重要な教育的な価値をもつようになっていったのである。方針案を書くことで立候補した子は成長したし、その方針案の中からよいものを選択することで、他の子も成長した。

ただし、よい方針を出した子を責任者とはしなかった。方針は方針として全員で決定し、責任者はやはり、ジャンケン・くじによって決定した。多くの子がたくさんの方針案を書いてくる原動力は、自分も委員長になれるかもしれないという、ジャンケン・くじによる選出方法にあったからである。

スポーツ大会・キャンプファイヤーなどの方針を見ても、実に驚くべきことまで配慮されていた。文を一つ見ても、母親・父親のいない子への配慮・障害児への配慮など、子供だからこそ見ぬける温かさが、さりげないところに貫かれていた。

「お母さん方への招待」という一文があった。立派な案内状であったが、子供たちは、「お母さんがいない人もいる」という批判をし、せっかくできた立派な案内状も惜し気もなく廃棄した。

多くの子供たちが、責任者の場を経験した。そのことによって自信も生まれてきた。実に堂々と発言ができるようになった。日曜参観日の全校集会の司会に、赤ん坊の時の病気によって成長が遅れていた子がなったことがあった。多くの立候補者の中から、ジャンケンでその子がなったのだった。授業中に、ほとんど発言をしなかった子であった。歯の検査の時でさえ泣いてしまう子であった。その子は、司会の内容を紙に書いてきて、必死で取り組んだ。他の子も助けていた。多くの親の前で、この子は、晴れがましい役を立派にやりとげたのだった。選挙という方法によっていれば、こうした場面は決して生まれなかったことだろう。

「選挙を教えないのは、非民主的な教育である」と言われたことがあった。そんなことはない。ぼくたちは、形式としての民主制を教える前に、内容的な、実質的な民主制を教える必要があると反論した。形式としての民主制のみにたよると、実質はあいかわらずの非民主制がまかり通っていることが多い。とりわけ、小学校教育の中では、形式の前に、まず内容が与えられる必要があると考えたのだった。一人一人を大切にするという民主主義の教育にあっては、形式としての選挙を教える前に、まず一人一人が大切にされ、一人一人が対等に活動している場が教えられる必要があると思ったのである。

古代ギリシャの初期のころ、元老院の選出方法は、くじ引きで行われていた。選挙によると差別になるというのが原因だったそうである。古代ギリシャの「民主制」のあけぼのの時代に行われていたこの事実は、小学校教育という人間のあけぼのの時期を教えるにあたっての重要な示唆になっていると思うのである。

なおこの時の実践は、第二十一次教育研究全国集会（山梨）の生活指導分科会での東京代表として報告をした。ある民間研究団体との論議になったが、多くの人々からの賛意が寄せられた。遊びやスポーツとはちがい、教育や創造の活動は、競争の原理を廃したところから出発すべきであるという実践に、励ましや賛意が寄せられたのだった。

## （４）教育実習生の変革

教育実習生を今まで三度にわたって預かったことがあった。どの学生も、まじめで真剣でよい資質をもち合わせていた。

初対面の時、いつもぼくは次のように聞いた。

「本当に教師になりたいのですか？　それとも免許状だけほしいのですか？

あなたが、心から教師を志望しているなら、そのつもりでお相手します。もしそうでないなら、お互いの幸せのために適当にやりましょう」

どの学生も、「教師になりたいのです。教えてください」と真剣な面もちで言った。その姿がすがすがしかった。そしてクラスの学級通信を渡し、読んでくるように指示するのを常とした。ある女子学生は「先生と親と子どもの絆が強くて、私は割り込めないと思いました。でも私自身をぶつけていきたいと思います」と、学級通信の感想を述べた。

ぼくは、「自分自身をぶつける」というような、無内容さを気負った言い方でごまかすのは嫌いであった。大きな皮肉をこめて、「あなたは、ぶつけるようなご自分がおありなんですか」と、たずねた。

パッと顔を赤らめて下を向いた彼女は、しばらくの沈黙ののちに「ありません」と答えた。

「プロとしての修業が今日から始まるのです。今までの多くの心ある教師によって創られてきたものをあなたに伝えたいと思います。プロの修業は手とり足とり教えることではありません。結局のところ、あなたが何を学びご自分をどう変革するかにかかっているのです。何もない、未熟なところから出発するという心構えさえあればけっこうです。見たところ健康そうですから」と、言った。

初めての授業の時の評は、およそ次のようなものであった。

「まるでめちゃくちゃです。私たち教師は、学生や保護者や塾の教師のようにアマではないのです。教える内容をもっと根本的にとらえ、論理的に組み立てなければ授業は混乱するのです」

付属校の実習で高い評価を受けたらしい学生は初め茫然としていた。「百点満点の零点」とも酷評した。

わずか三週間の実習期間しかないのである。「プロの教師になりたい」という言葉を信じて、率直に言うことにしていた。それでだめなら、しかたがないと思った。しかし、どの実習生もよく耐えた。子供の評判もよかった。実習日誌も欄に書ききれなくて、六枚も七枚も貼り足していた。そうした日誌が毎日毎日綴られていた。

他のクラスの実習生が、研究授業のあと「教えてください」と話しかけてきたことがあった。三年生の算数の授業だった。

「一つだけ言います」とぼくは言って、その授業を思い出した。

「練習問題をさせている時に、あなたは机間巡視をしましたね。あの時何を見ていたのですか」

と、たずねた。

「できない子がいるかどうか見ていたのです」と答えた。

「それで何人いたのですか」と聞くと、

「三、四人ぐらいです」と、返事が返ってきた。

「三、四人ぐらいとは何事ですか、子供たちを十把ひとからげに見ているわけじゃないですか。お医者さんが集団検診をして、『このクラスで治療を要する子は三、四人ぐらいです』と言ったら、あなたはどう思いますか。ひどいと思うでしょう。そんないいかげんな医者に命を預けられないと思うでしょう。あなたがしたのはそれと同じことです。ぼくたちは、子供の心の生命を預かっているのです」と、厳しく言った。

「それに、あなたは間違えています。ぼくも三分ぐらいですがあなたと一緒に一通り机間巡視をしました。白紙の子が四名です。まるででたらめな子が五名もいます。やり方はいいけど途中で終わっている子が三名です。単純な計算違いをしている子が五名です。単位を違えている子が二名です。つまり、合計十九名も間違えているのです。これはもう、授業という代物ではありません」

その実習生はぼくの言葉にショックを受けたらしかった。ぼくは、教室の図を描いて、どこにすわっている子がどういうまちがいをしたかを一人一人説明した。

「あのクラスは今日あなたの教えているところで、ぼくは見ただけです。担任ではなく、学年もちがいますから、子供もほとんど知りません。しかし、三分ほどの机間巡視でもこれだけ見てとれるのです。机間巡視というのは散歩ではありません。まして、教師が何となくフラフラしている時でもありません。あなたのは、単なるブラブラ歩きです。

机間巡視は、その段階までの学級全員の理解の状況を確かめ、それをもとに授業を組み立てる大切な場なのです。むろん、あなたが、どれほどがんばっても真似られるものではありません。毎日努力して、かなりの年月を必要とします。しかし、そうした腕をもっているのがプロの教師なのです。そういう一人一人を一人一人として見ようとする意志を持ち続けることが大切なのです。教師になったら頑張ってください」と、話を終えた。

その昔、ぼくは一年生の体育の前まわりの授業を見て、同じように一人一人について言ったことがあった。ビデオを録っていたので、テレビを見ながら説明したことがあった。見ていてあくびが出そうな、単調な一年生の前まわりにも、教師の目から見れば見るべき点はいくらでもあるのである。

事実を正確に、分析して見てとれるということが、どの仕事にあっても出発点であると思っていたので、こういう話をしたのであった。

そういう違いはいくらでもあった。学芸大学の体育科の学生が、跳び箱の指導をする時であった。ぼくは、うちのクラスの実習生にストップ・ウォッチを持たせ、跳び箱の指導に入ってからの実運動時間をある一人の子供について測らせた。授業が終わってから、授業をした体育科の学生にたずねた。

「準備体操と、整理体操をぬかして、主運動の跳び箱の時に、ある一人の子は何分ぐらい運動らしい身体の動きをしたと思いますか」

その学生は、しばらく首をかしげていたが、「十五分くらいかな。いや二十分くらいじゃないですか」と、答えた。

今終わったばかりの授業についての質問である。授業者は、よく知っているはずである。ぼくは、ストップ・ウォッチを持った実習生にたずねた。

「何秒でしたか」

「三九秒です」と、その学生は答えた。

秒単位なのである。四〇分授業の中の主運動の実運動時間が、わずかに三九秒なのである。

「九〇秒が標準です。跳び箱の運動は運動量が思ったよりはるかに少ないのです。それを知っている教師は、いろいろと運動量を多くすることを考えます。あなたが、二十分はやっただろうと思ったことが実は三九秒しかなかったという認識の違いに、アマとプロとの差があるのです」と説明した。

「体育の授業で大切なことは三つあります。

一つは、安全への配慮です。マットのしき方一つでも神経が行き届いていなければいけません。

二つ目は汗をかくことです。運動量が多いことと考えてもけっこうです。スポーツの一つの本質だと思います。その意味でドッジボールやソフトボールなどのスポーツは、楽しくはあるけど、不適当な面もあります。少なくともこれをやる以上、全員が汗をかくという運動量の配慮が必要と思えます。たとえば、ドッジボールをやる時に、ボールを二個使用するとか、男子のコートを極端に小さくするとかなどです。

三つ目は、運動技術の習得を通して、運動技能を確実に上げてやることです。技術の習得を通しての技能の向上ということをなおざりにしてはいけないと思います。体力の向上からくる技能の向上とは一線を画さなければいけないと思います。技術を習得させるという点こそ、教師の腕が多く必要とされるのです。

今日の授業は、マットのミミを下にしていましたし安全面だけはかろうじて合格ですが、あとの二つはまるでなっていません。あなたは自分自身がスポーツ好きだという点で体育を専攻されたのでしょうけど、それを仕事として飯を食っていくとなると、また別の面で勉強をつまねばならぬと思います」と、話を結んだ。

ぼくが、乱暴をする子の話をしたら、同意してはしゃぎながら「うちのクラスにもいます」と言った学生がいた。ぼくは厳しい口調で次のように言った。

「医者は、患者の熱が三八度ある時、いろいろな原因を考えます。同じ三八度の熱でも病気はいろいろあるのです。教師も同じです。一見、同じような現象でも原因はさまざまです。その一つ一つの原因をさぐり出さなければならないのです。現象面をそのまま見ているのは、井戸端会議と同じです」

こうした一つ一つのささいなことから、プロの心構えをくんでもらいたかった。ラジオ体操一つとってみても、ぼくの経験では、正確に教えることができる人はきわめて少なかった。背のびの運動と深呼吸の運動が同じであったり、胸の運動が腹の運動となっていたり、足を〃トン〃と瞬間的に着くのが〃ベタッ〃となっていたり……。プロになるからには、そういう点にも正確な目をもってほしいと思っていた。

教育実習生の赤石千恵美さんは、実習生活の思い出を学級通信に次のように載せていた。

教育実習を終えて〈学級通信「えとせとら」第七十号より〉

赤石千恵美

毎日毎日が自分自身との闘い、子ども達との目にはみえない闘いが続けられていたのです。なんというはがゆさ……。どうして私には、できないのだろう……。何が……。そう考える毎日でした。先生からプロの囲碁・将棋の棋士の話を聞いたのは、一週間めも終わりのころでした。手とり足とり教えるのはアマのうちであって、プロをめざすからには、自分でつかんでいかなくてはいけないと。それで、先生が私のことをどうやって考えて、扱ってくれるのか、分かったような気がしたのです。でも、私の毎日の授業内容に対するひどい思いは日毎につのるばかりでした。実習日誌にも「なんというひどいことをしてしまったのだろう……。五時間目も授業をもったというのに……」ということを書いてしまったのです。案の定、私にとっては猛烈なる返事が書かれてありました。

その返事は次のようなものでした。

「まだ、分かっていない。ひどさを感じられたことこそ最大の収穫なのです」「くやしさと敗北感を、うんとかみしめていいのです。そして、ぼくの所まで、はいのぼって来、いつの日かぼくをぬくほどの教師になるのです」

それからの私は、どんなことにでも、気負わず恐れず、何かを見つめてやるだけやろうと固く心に決め、授業にのぞみ、子供たちにのぞんだのでした。自分との闘い、子供たちとの闘いで、はや二週間たち、三週間めから、実習生の研究授業も行われ始めました。月曜日の二時間目、国語の研究授業でした。自分では、あまりあがっているつもりはなかったのですが、字をまちがえてしまったり、子供たちの顔がまともにみられなかったり、とにかく長い四十五分間でした(というのはうそで、ほんとうは、あっというまにすぎてしまったのです)。子供たちの白熱した論争に、私はただただ聞き入るばかり。内心、どうしたらいいか……、どうまとめたらいいか……授業中考えていたのです。ここでも、子供の鋭さに驚異をおぼえました。何という鋭さ!

先生からは、反省会の時に、はじめて合格点である五十点を付けられたのです。でも、私はさらにさらに力のなさを痛切に感じ、だめだ……と思ったことの方が強かったのです。この授業では、プロの教師が最低持っていなければならない条件、①教材の骨格をおさえていたこと、②論争という形をまがりなりにも追究しえたということは、全て先生のお力なのです。だから、私には、成長云々などということは言えません。

「子供に対して力もないくせに（きたえてないくせに）ごうまんです。授業が勝負というのは文字通り勝負なのです。教師の最高の（と思う）解釈さえ、時にはのりこえられるのです。双方の意見がぶつかり、新しい地平が開かれ、全く別の解釈が生まれたとしたら、それは最高の授業です。子供が弱くてもできないし、教師が弱くてもできないのです。逆説的にいえば、子供の質は教師の質に規定されるのです」。この言葉は、強く強く私の心にひびきました。この研究授業を境として、私は根底から、自分自身をみつめ、考えなおしています。

この三週間、向山先生を通して、また、子供たちを通して、プロの教師というものの厳しさ、仕事というものの厳しさ、そして自分自身との闘いの厳しさということを学びました。まだまだ学びたりませんが……。少なくとも、プロになっていくための基本的心構えは十分に学びました。

この三週間で、私は自分自身がとても大きく変わったと思います。それは、単なる表面だけのあまっちょろいものではなくて、根底から大きく変わったのです。今までの私の中に〝あった〟と思われていたものは、全てくずれさり、もろくもこわれていったのでした。

三週間のあいだの先生の私に対する批判は、壮烈なものでした。毎日の日誌に書いたことの倍も三倍もそれ以上にもして、返してくださるのでした。それらの言葉は、全て私につきささり、私の甘さをくずしていくものばかりでした。昨年の付属小での実習の内容なんて、全然何もならないのです。もう必死で毎日毎日とりくみました。疲れた、眠りたいなどというものは、入るすきもなく、私は毎日が精一杯でした。常に闘いであった十五日間。これは、「プロの教師になる」ための甘んじて受けなければならない最低の、原点のものでした。

今、私は、とてもさわやかです。それは、自分の生きていく道がはっきりとひかれ、その上をどうやっていくのか確信できたからです。

### 歩き始めの教育

東京都大田区立中萩中小学校　衣川裕美

さらに、衣川裕美さんは教師一年目の努力を彼女の学級通信に次のように書いている。

「今の授業で何人分からなかっただろう」――授業を終えて自分自身に問いかけてみる。ある時は、「ずい分たくさんいた感じだなあ」、ある時は「五人いた。〇〇と〇〇と〇〇と〇〇と〇〇だった」と名まであげられる。

「七〜八人か、いや十人ぐらいいたかもしれない」としか答えられない時がある。授業が終わったとたんでも、できなかった子の顔が浮かんでこない時がある。どの場合も、私がぼんやりとした頭や目で授業をしているためだ。子供たちのほんの上っつらしか見ていないために、鮮明に思い出すことができないのだ。

同じ数でも、十人というのと、A子、B子……A男、B男と十人の名前を挙げるのとでは全く意味がちがう。

〝十人〟と言った時は、誰でもいい、とにかく十人である。けれど、誰々、誰々……の十人は、これ以外の誰でもない。この十人である。

子供たちは、みな一人一人違う。動作も、笑い顔も、問の反応も、驚くことも……。だから、教育の場で、十人といったら、それは単なる十人ではなくて、あの子とあの子とあの子と……の十人であり、他の子と代わるなんてできない十人である。一人＋一人＋一人＋一人＋……＋一人＝十人なのである。

今、体育でマットの上で前回りをやっている。コロコロと単に前に回るだけなのだが、みんな一人一人違った回り方をする。こんな単純な中にもいろいろな子供の姿がある、手が片方弱いために、まっすぐに回れない子。つい足が開いてしまう子。ひざだけ着いていて、足の先は開いている子。ひざをかかえないと、どうしてもスッと起き上がれない子。回転して起き上がる時、あごが上向いてしまって、へたをすると頭の先を着いてしまう子。スルスルと回れてもうほとんど手を着かないでいい子。手もきちんとマットに着き、手の先からつま先まですみずみに神経をゆきとどかせて回る子。力を入れずにやわらかくスッと回れる子。おき上がる時に力が入って、スピードが遅くなってしまう子。……

全員が一回だけ前回りをする間に、一人一人に悪いところを注意することは私にはまだできない。けれどどの子も、みんな違うまわり方をしていることは、分かってきた。違うところが、だんだんはっきり見えるようになってきた。

249÷34　というわり算の勉強をした。本当に子供たちはさまざまなところでつっかかるのだ。24÷3　を考えて、下り九九で考えずにやるために、最初から6を商にたててしまう子。34×7　を、4×7　から先にすべきなのに3×7を先にしてしまう子。8をたてたはいいが、249から272はひけないのにひいてしまって、23と答えてしまう子。

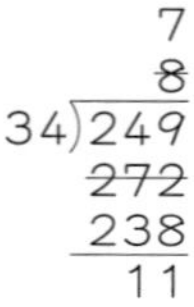


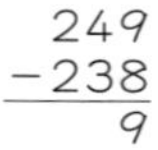

逆に、249−238　の計算を、9から8はひけるのにひけないと思って、9と8の差1をひきたりないから、となりから10かりてきて、そこからひいて9としてしまう子。ひけないから、消して商の立て直しをするのに、8→7→6と下がらず、8→9と上がって首をひねる子……。つまずきやらまちがいは、私の予測もしないところから次々に出てくる気がする。それを知る方法はただ一つ、子供たちが一心に書くノートや、えんぴつの動きを、こちらも負けずに一心に見ることしかない。その子のつまずきやらまちがいやらは、一人一人ちがうからである。大事なのは、一人一人が、いろいろなところでつまずいたり、分からなくなっていたり、できなかったりすることとなのだ。それを助けて、できるようにしたり、分かるようにしたりすること——それが教師の仕事なのだ。

作文を書かせる。どの子も机にしがみつくようになると、私は机の間を歩いて見てまわる、名前しか書かずに、あとは一字もなくまっ白な子が、あそこと、あそこと、あそこに……。一行目に書いたり消したりした跡がある子があそこに……二十分経過。まだあの子とあの子は真っ白な原稿用紙をおいたまま、ぼんやりしている……。何て言おう。何と助言すれば、一行目を書きはじめてくれるだろうか。やっぱりあんな導入ではだめなんだ。書けっこないんだ。ああ、何て言えばいいんだろう……。机の間を歩きながら、考える。

私は、二つの目で三五人を見る。ぼんやりすると、どの子もやってることがたちまち同じに見えてくる。同じ事を考えていそうな気がしてくる。「だいたいの子は、できたな」なんて言いたくなる。逆に、「ああ、だめだ、全然分かってくれない、ちっともできない」なども言いたくなる。でも、子供たちは、一人一人が、ちがった考えで、思いで、いろんなことをやり、生きている。一瞬一瞬生きている。「だいたい何人ぐらいの子供がどうのこうの」ではなくて、大事なのは、「どの子がどうであるか」なのだ。そのことを、ともすると忘れがちである。授業が終わって、一人一人の発言したことや行動を思い出そうとしても、ぼんやりしか覚えていない時が何と多いことか。

だらしなくのびきった私の目や神経に、むちを入れるべく、また、自分自身に質問する。「今日のわり算で確実性がない子は何人いるのですか」「今日の体育の後ろ回りで、まっすぐに回れなかった子は何人いましたか」

教師は、初めから腕のある存在として子供の前に立つのではない。どれほど勉強をつんでおり、教生の時にほめられようと、それは教師としての技量の高さを示すものではない。いかなる職業であれ、仕事とはそうした面を含んでいるはずである。

青年教師は、純粋さ、ひたむきさ、熱気などのよさによって、技量の足りなさを補っているにすぎない（それに、しばしばそうでない人もいる）。技量とは、日々の子供の教育をどうするかという絶え間ない追究によって、自分のものとして創り出していくものである。教室が一応おさめられたことをもって、腕が上がったと錯覚する人も多い。

自分の可能性を求め続けられる人は、常に自分の限界にぶつかっている人である。限界を意識するからこそ、必死になって教育の仕事にあたっていける。

ぼくは、教育実習生に来た人に、そういう心構えを実感として、もち帰ってほしかったのである。

## 4　教師と仕事

### （1）王貞治さんへ

子供には、生まれつきの差はそれほどないと考えていた。しかし、同じような能力をもちながら、年を経るにしたがって差がついてしまう子供の姿が不思議だった。年と共に伸びていく子供たちは、環境が恵まれている子に多かった。そうではない場合もあるが、それは数少なかった。恵まれた家庭で育った子には、持続性があった。ていねいさがあった。生まれた時からの家庭教育の積み重ねがあった。

働くことに多くの時間がさかれたため、子供に手のまわらなかった家庭の子供たちを、ぼくは何とかしたかった。何とかしたかったが、学校の授業だけでは限界があった。自学していくという姿勢そのものを育てたかったからだ。「持続的に努力できる」というのは、長い時間をかけて習得していく能力である、ある時、思いつきで努力をしても決して持続するものではない。「持続して努力できる。事にあたれる」という能力を、ぼくはどの子にも育てたかった。

どの人間にも可能性があることを事実の中で示したことがあった。努力した人々の話をしたこともあった。励ます方法も、多くの手だてを考えた。でも、それだけでは不足していた。

ぼくは、子供たちに、毎日机に二時間向かうことを希望した。何をしてもいいから、とにかく二時間机に向かうことを要求したのだった。ある時間、束縛されるのはつらいことにちがいなかった。だからこそ、それが習慣化された時、大きな力をもつと考えていた。

力のある教師なら、そんなことをしなくても、努力する力を全員に育てられるかもしれないと思った。しかし、ぼくには、そうしたことを強制するのでなければ、一人残らずの子供たちに、持続して努力する力は育てられなかった。

子供たちに分かるように次の話をした。

「努力は一つ一つ積み重ねるしかない。しかし、成長は、一歩一歩目に見えるように訪れては来ない。毎日毎日努力してなお、成長しない日が続く。水泳でもそうだ、十五メートルぐらい泳げて、二五メートルに達しない日が続く。毎日泳いでも、やっぱり昨日と同じなのだ。そんな時、ついあきらめがちになる。

でも目に見える成長はまだ訪れないけど、内では力が着実に蓄積されているのだ。何事にも初歩の段階をぬけるには、百回の積み重ねが必要であり、はじめの目標を達成するには千回の積み重ねが必要なのだ。十五メートル泳ぐことを百回すれば、必ず二五メートル泳げるようになる。将棋でもまず百試合指してみることだ。着物を作るのでも百枚縫えという教えがある。なわとびの二重回しが連続百回できると、三重回しができるようになる。勉強も百日、およそ三カ月だ。努力はAのように一つ一つ積み重ねなければならない。しかし、成長はBのように加速度的に訪れるのだ。
努力して成長が目に見えない時が、一番つらいが、誰でもが通る道なのだ。」

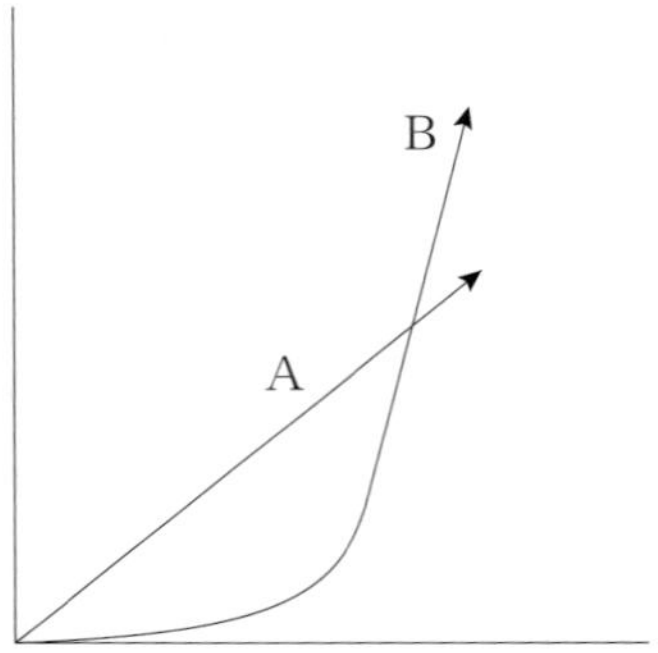


こういう話をする時子供たちは、まばたきもせずに聞いていた。成長は加速度的であるという話は、ほかでも見聞きした。テレビで見たのだが、東北の精神科医が、治療のために患者に絵をかかせたところ、毎日同じ絵を描いていたという。そして百枚目くらいになると決まって大きな変化が表れるというものであった。最初の絵が幼稚園児のものとすると、百枚以後の絵は、高校の美術クラブの生徒にひけをとらないようなできばえであった。

学級内では、誰かが一つの壁を突破すると、他にも波及するが、その精神科医も同じことを述べていた。

ぼくはこのようなことを親にもよく話した。「向山の仮説」などと冗談で言ったりした。

「努力は段階的に重ねなければいけないが、成長は加速度的に訪れる」

「学級内の一人の成長は波及効果をもつ」

子供たちも、百を超えて、千に挑戦するようになった。相撲で言われる「三年先のけいこ」

などの話もした。

「向山の仮説」をいくつもつくった。子供に分かりやすくしたいためであった、努力係数などで自分を測ることも教えた。

「努力の持続性は、過去百日間の規則的作業をやった日数で表される。日記を例にとれば、きちんと長く書いて一点とし、手をぬいた時・まとめて書いた時を〇・五点とし、ぬかした日を〇点として合計を出す。

九〇をこえれば優秀であり、六〇に届かないと要注意である。」

ぼくは子供の能力を次のように考えている。

「知能偏差値と努力係数を足したものが、その子のその瞬間および近い将来の力である」。偏差値だけではむろん学力は測れない。しかし努力係数と足した場合は、かなり正確であった。国立の附属や有名私立や都立に進学した子はみな、努力係数がずばぬけていた。そうした子は、努力係数がほぼ百であった。知能はそれほど高くなくても、そういう子は伸びた。

ぼくはまた、テレビを見る時間を極端に減らすようにも言った。テレビは成長期の子供には害の方が大きいと思っていた。幼児の時からテレビ漬けになっていた子は、ていねいさに欠けている子が多かった、ひどい時は、他人との意思の疎通もできなかった。日本体育大学の正木健雄先生の調査によれば、脳の活動状態にも影響するという。テレビを長時間見る子は、授業のある午前中の脳の働きが弱いらしいのだ。今のクラスの子供たちの平均視聴時間は一時間ぐらいであるが、前はもっと長かった。

工場地帯の子供たちと、田園調布などの住宅地の子供たちのテレビを見る時間は、顕著なちがいがあった。住宅地の子供は、工場地帯のおよそ半分ぐらいしかテレビを見なかった。それはさまざまな環境がもたらす結果であった。

こうして、努力することの大切さと、その目やすを子供に話した。授業で自信をもつようになった子は、さらに努力を続け、驚くほど成長していった。市販のテストを使用した算数の期末試験など、クラスの半数以上が満点をとるようになった。八〇点台というのは最下位なのであった。

むろん試験だけに限らず、スポーツでも、係の活動でも、次々とすばらしいことが起きた。印刷の学級新聞も、子供たちは二五〇号をこえて発行し続けた。何よりも子供たちは、謙虚になり、そして卑屈さもなくなっていった。気負うこともなく、努力するようになっていったのである。

ぼくは、子供たちに話す中身を、次々に仕入れた。特に、現在すぐれた仕事をしている人が、かつてはそうではなかったことを、丹念に集めた。

巨人軍の王選手がホームランの世界新記録を出した時、手紙をさしあげて色紙をいただいた。

王貞治さんへ

新辺英明君の担任の向山洋一です。

王さんのお仕事を、その気迫と努力と心構えを、いつもすばらしいと思っておりました。ぼくは教師ですので、いつも教育の仕事と比較して王さんのお仕事を見てきました。そして、多くのことを教えられてまいりました。

ぼくのクラスの学級通信に、野球のこと、王さんのことなど何回か載せてまいりました。子供たちは、その内容を実によく聞いてくれて、納得してくれました。新辺さんを通してお届けします。小学校の教室の中で、野球のことを、王さんのことを、このように話しているのだということを、お伝えしたいのです。

王さんほどの、意志の持続とひたむきさとたくましい身体を、ぼくも子供たちに育てたいと思います。伝えたいと思います。そのために、ぼく自身の腕をあげなくてはならないと思っています。

ぼくは、子供たちのために、できる限りのことをしてあげたいのです。

そこでお願いなのです。王さん、うちのクラスの子供たちに、サインをしていただけないでしょうか。調布大塚小学校五年一組です。

できるなら「努力」にかかわった言葉を書いていただきたいのです。そして、調布大塚小

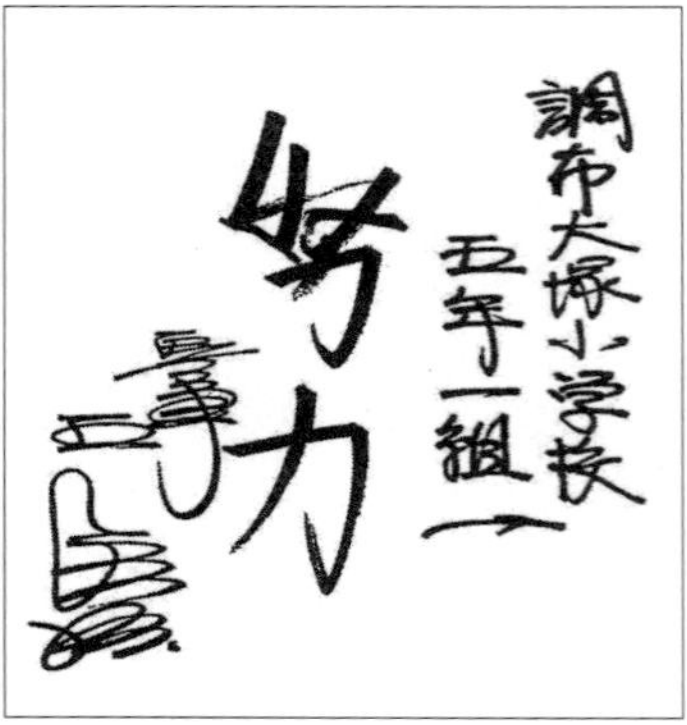


学校五年一組のみなさん」と……。

あつかましいお願いかもしれません。しかし、教師であるぼくは、子供の教育のためには、どのようなことでも力を尽くしてみたいのです。うちのクラスには、三五名の子供たちがいます。

サインをするのは、わずらわしいとは思います。しかし、その労力以上のことを待ち受けている三五名の子供たちがいることをお考えになって、ぜひお願いいたします。

新辺さんが王さんとお知りあいだとお聞きし、これをお頼みいたしました。失礼のことは、ただただぼくのぶしつけさによります。お許しください。

向山洋一

王貞治様

P.S.これからも、よいお仕事を！

子供たちと、ともども祈っております。

クラスの子供の保護者が、王選手と知りあいだということもあった。この色紙をまし刷りにして全員に配ったのであるが、みんな机の前に掲げた様子であった。力の足りないぼくは、あらゆる手だてを使うことにしていた。「子供の教育に必要なのです」と頼むと、大学の先生でも、芸術家でも、見も知らぬぼくに、とても親切にしてくれた。

「これ以上については、〇〇大学の△△先生に聞いてください」と、紹介されたこともあった。

そんな時にも、ぼくは子供たちを預かっているという仕事の重味をずっしりと感じたものだった。

## (2)「しんどい」とは人様が言うことだ

組合の教育研究集会で、生活指導についてのパネルディスカッションがあった。ぼくも三人のパネラーの一人として参加した。講師として、遠藤豊吉先生が出席していた。

ぼくは、学校教育の中で組織的な生活指導について提案をした。他の二人は障害のある子供を受けもっての「しんどさ」と、中学での班を中心にした生徒の活動について報告した。

ある年輩の先生から、ぼくに質問が出された。要旨は「学校で組織的にあたることよりも、しんどい子を見つめていくことの方が大切ではないのか」という内容であった。ぼくは、その点を認めつつ、次のように発言した。

「大変な御苦労をされて教育に当たっていることに、ぼくは敬意を表しています。しかし、ぼくたちはそれを仕事としているから、〝しんどい〟ということだけで終わらせてはいけないと思うのです。動機がすぐれているだけでなく、行為そのものもすぐれている必要があると思います。

そうした行為が、つまり教育活動が個人的な形だけで終わってはいけないことを言いたいのです。

たとえば、手足が不自由な子がいた場合に、避難訓練の時は誰が連れ出すのか、トイレは洋式になっているか、机椅子はその子に合ったものになっているかなど、学校全体で考え、直ちに解決しなくてはいけないと思うのです。学校の教育力をすべて利用していくという貪欲さが必要だと思うのです。これらのことは、特別なことをしなくても、すぐ解決できることです。

生活指導主任会で、障害のある子供がいて大変なことはよく話されます。しかし、今すぐにできるそうした手だてをきちんとしている学校は少ないのです。

うちの学校の子供の虫歯の総本数は一三二五本です。保健の先生が健康診断の結果をまとめて報告してくれるから、ぼくも分かるのです。したがって、手だても具体的にされます。

ぼくたちは〝しんどい〟ことを〝しんどい〟と言う必要はないと思うのです。それがぼくたちの仕事だからです。教育課程は学校で編成されるということを、真に実体化した時、学校はもっとすぐれた教育作用をもつようになると思うのです」

二〇〇名ぐらいの参観者は、熱心に聞いてくれた。黒板だって、照明だって、実は環境基準に合っていない場合が多いのである。曇りの日には、照度は蛍光灯をつけても基準を下まわるのである。教室に打ってある釘一つだって、安全であるかどうかの配慮が必要であると思っている。

その日、帰ってから、ぼくはその先生に手紙を書いた。ぼくは、研究授業の後や、何か話しあった時には手紙を出すことにしているのである。

昨日は時間的な制約のため十分意を尽くせなかったのでお便りを出すことにしました。少々乱暴なたとえ話をして話を分かりやすくしたいと思います。

(一)もし先生が重病になられて医者にかかったとします。

その医者から、「おれは、君みたいな重病のしんどい人間を診てやっているんだ」と言われたらどう思いますか。これが第一です。さらに、病院内が個性的な医者ばかりで、「俺は他の医者とやり方がちがうよ」と言われ、治療法がまるでちがっていたらどうしますか。これが第二です。さらに医者から「病気は別に治らなくてもいいよ」と言われたらどうしますか。これが第三です。

ぼくの言いたかったのは、この三つの点につきます。

㈡一つ目ですが、医者が重病の人を診るのはあたりまえで、とりたてて言うことではないのです。それをとりたてて言う医者がいれば、もの笑いなのです。教師も同じです。いろんな子がいて当たり前なのです。障害のある子供を受けもって当然なのです。それをとりたてて言う所に、言う人間の弱さがあると思うのです。

もし、ぼくたちが障害のある子供のことを語るとすれば、「担任するのがしんどい」という面で語るのではなく、教師として何をしてきたかこそ語るべきである。

「障害のある子供を受けもつことは当たり前なのだ。児童の実態の上に各校の教育課程を編成すべきなのだ」ということを言いたいのです。それを語る時には、教師としての実践こそ語るべきであり、「しんどい」というのは人様が見て判断することなのだ、ということを言いたいのです。

ぼくが障害のある児童を受けもった時の職員会への報告を同封します。

その子は小数のかけ算ができるようになりました。行進曲に合わせて歩くことができなかった子が歩けるようになりました。台上前回りもできるようになりました。「死にたい」といっていた子が、未来の夢を語るようになりました。でもぼくは、それは当たり前の教育活動中に位置付けるべきだと思っています。

㈢二つ目ですが、ぼく達は病院全体の医療技術を信頼して身を任すのだと思います。医者ごとに言うことが全くちがい治療法も全くちがう病院へ、先生も命を任せることはないと思います。むろん難病等で治療法が発見されてない場合は別です。

子供も同じです。まずは、学校全体の教職員の教育活動を親は信頼しようとしているのです。職員会議の大切さはここにあります。主任制に反対する根拠はここにあります。学校は一人一人の知恵を出し合い、全体としてある種の水準が保たれているのです。「学校では教育課程を編成する」という法律をぼくたちはもっと考えなくてはいけないと思うのです。職員全体による教育課程の編成をもっと実質化させなくてはいけないと思うのです。個性を個性として発揮させると共に、個性のある部分は組織化された教育課程の中にくみ込まなくてはいけないと思うのです。

そうした努力をした上で、各教室ごとの独自性が語られるべきだと考えます。

照明一つ、くぎの種類一つ、虫歯を治すこと一つとっていっても、それは教育にとって大切なことであり、それ故にこそ、本質的に行政と対決せざるを得ない面を含んでいます。

思想で教育を語るべきでなく、事実でこそ教育を語るべきだと思っています。それが教師の仕事なのだと思うからです。

㈣三つ目は、先生が不治の病になって、医者に行った時、「治らなくていいよ」という医者に命を預けますか？　預けはしないと思うのです。

不治の病ではあっても、必死に治そうと苦心し、研究し、医療活動をする医者に命を預けると思うのです。

必死の医療活動の末、力及ばず助からなかったとしても、その医者を誰もせめはしないと思います。「いっしょうけんめいやったんだ」と人はなぐさめるでしょう。そしてその医者がさらに研究を深めていく人であってほしいと願うことでしょう。

教師も同じです、教師が子供に向かって「できなくてもいいよ」といったふぬけたことをどうして言えるのでしょうか。教師は、どんな子を預かっても、その子の可能性を伸ばすために、努力すべきなのです。

「先生はよくやった」「できなくてもしかたがない」は、その結果としてまわりの人が、人様が言うことなのです。それを教師自身が「できなくてもいいよ」などと、ふぬけたことを言っているのです。しかも、ふぬけた居直りを得意然と言うのです。医者だけは患者を治すために頑固であるように、教師だけは子供の可能性を伸ばすために頑固である必要があると思っています。それでこそ、ぼくたちは子供の側に立つことができるのであり、それこそが仕事なのだと自覚しています。

㈤自分のクラスで「かけ算ができない子は?」「虫歯がある人は?」と聞くと、「三、四人ぐらい」と言う人が多くいます。三人か四人か、はっきり認識していてさえ、それを克服するのは大変なのにです。

子供のことを大雑把に捉える人が多すぎるのです。大雑把に捉えて、思想だけ語っているのです。真の思想は、事実の中でこそ語るべきだと考えます。

それでこそ思想は命をもつのです。労働者にとって、観念のみの闘いは闘いにさえならないと思っております。

㈥ご批判いただければ幸いです。なお、この内容は何人かにも送るつもりです。

向山

手紙のことではいくつかの思い出がある。新卒の研究授業をした時、教師であった他校の校長先生から後日、長文のていねいな手紙をいただいた。教師の世界にやりきれなさを感じていたその時のぼくは、それがとてもありがたかった。

早速返事を書いたのだが、再び返事が来た。そして、何回かのやりとりがされた。それから十年、音信は絶えたが、その先生が退職されていることを人伝てに聞いた。暮もせまったころぼくは、自分の記録の一部を、十年前の好意に対する感謝の手紙とともにその先生に送った。

手厳しい批判とともに、返事が返されてきた。批判に対する反批判をそえてぼくも返信を書き、また手紙は往復した。年輩の校長の意見に批判を逐一するのであるから、腹を立てられたとみえて「不遜である」とも言われた。

しかし、ぼくは、その先生に今でも感謝している。ずいぶんと教えられた。

だが、こういうことはまれであった。研究授業その他に対して、ぼくが手紙を書いても、返事をくれない人の方がはるかに多かった。返事があるのは、十人に一人か二人であった。若くてよく発言したりするような人が案外だめであった。そういう時に反応があるのは、残念なことに校長の方が多かった。

校長であろうとなかろうと、教師としては同等であると信じているぼくには、そうした事実は寂しいものであった。

## (3)悪人じゃないが鈍感すぎる

ぼくが小学校の時であった。授業が終わって、雨がぽつりぽつりと降ってきた。教室の窓から校庭をながめていた担任の先生が、ある男の子に「傘を持ってきてくれないか?」と、頼んだ。よくあった出来事だった。ぼくは小学校四年生だった。担任の先生は善意にあふれた、おだやかな年輩の男の先生であった。雨が降ってきた時など、いつも傘を子供に借りていた。

しかし、その時ぼくは、何かちがう違和感が芽ばえてくるのを感じた。「どうして先生はいつも同じ人に頼むのだろう」「どうしてぼくには言ってくれないのだろう」。ぼくは先生に頼まれたかったのだ。みんなの前で得意そうに先生に傘を貸したかったのだ。そして次の瞬間、あることに思いあたって血が逆流していた。ぼくの家には、先生に貸すような傘がなかったのだ。その当時は日本中が貧しかった。先生がいつも傘を借りる子の父親は、証券会社の重役であった。先生は注意深く、貸すことのできる子に頼んでいたのだ。

屈辱感とはこのようなことを言うのだろう。逆流してくる血の中で、ぼくは歯をくいしばった。ぼくはその日の出来事を、いつまでもくっきりとおぼえていた。今でも鮮やかに思い出せる。先生の着ていた紺色の背広まで思い出せる。それほど強烈な印象であった。ぼくの感情を支配したのは、怒りではなく恥ずかしさだった。怒りが湧いてきたのはずっと後、高校に入ってからだった。

しかし、子供とは、何と弱くいとけない存在なのだろうか。たとえ教師が悪い場合であっても、子供は自分が悪いと思い込み、必死に耐えるのである。逆流してくる血の中で、恥ずかしさをこらえ、歯をくいしばっていたあの日の自分。その日のことを思うと、ぼくは自分で自分がいとおしくなる。その担任の先生への怒りはいつしか消え、今はない。善意にあふれたいい先生だったと思う。だからこそ、ぼくはよけい悲しくなる。

善意に満ちた教師が、何ということなしに、教師には痕跡さえ残らないことで実は教え子の心をその最も奥深い所で傷つける。これは悲しい出来事だ。その教師が誠実であればあるほど、その傷は重く、悲しみは深い。

昔からの友人でコンピューター技師をしている男がいる。貧しい生活で給食費等も満足に払えなかったという。彼は教師に対して、うらみつらみを山ほど持っていた。給食費さえ払えなかった当時の彼。「給食費を忘れた人は立ちなさい」と言われるたびに、彼は屈辱を身に刻んだという。ある夜、酒をくみかわしながら、教師のひどさについて話し合ったことがあった。ぼくは教師になってから見聞きしたことを、彼は自分の体験を、しゃべった。ぼくは調子にのって、教師の悪逆非道をしゃべりまくった。ぼくが「教師ほどひどい人間はない」と言った時、彼は「ちがう」とさえぎった。そして、きっぱりした口調で、「ぼくは教師に悪人はいないと思う。少なくともぼくは悪人の教師を一人も知らない。ぼくの教わった教師はみんなよい人であった。ただし、鈍感な教師が多すぎる」と、言ったのだった。

ぼくは彼に恥じた。自分が教師であるのに、他の教師の悪逆非道を自分と関係ないように話したことが恥ずかしかった。そんなぼくより、彼はもっと本質的な所で的確に、教師の欠点をとらえていた。貧しかった彼の少年時代、それ故にこそ山ほどのうらみつらみを教師にいだきながら、それでもなお彼は「教師に悪人はいない」と断定した。

そこまで「教師の善意」を信じてもらえることを、ぼくはこの上なくありがたいことだと思った。他から見れば、ぼくはまちがいなく教師の一員にすぎない。そうした話は、教師の外にしていくべきことではなく、内に向けていくべきことなのだ。「悪人はいないけれど、鈍感な人が多すぎる」これは実に的を射た言葉である。対象が子供であるから、悪人にはなれないし、なるほどのことはないのかもしれない。そんなことより、ほとんどの人は、初めて教壇に立つ時、より価値ある教師になろうと思ったにちがいないのである。その出発から、悪人ではなかったのである。しかし相手は子供だ。教師の悪いことでも自分が悪かったと思い悩む、いとけない子供たちだ。たまに、そのまちがいを教師に抗議をしても、ほとんど通じないのだ。「子供にあやまれる教師はいい教師だ」などと言われる甘い世界なのだ。

まちがいがあれば正すのは、ごく当たり前なのに、それがことさらに言われなければならないところに、教師のひどさはあるのだ。親も「人質にとられている」と考えて、よほどのことでなければ言わない。教師同士でも、年に数回の研究会でさえ、その多くはあたりさわりのないことを言ってお茶をにごす。これで鈍感にならなければ不思議なくらいだ。鈍感になるには、これほど適した環境はないと言っていいほどになっているのだから。

自分自身に対して、厳しすぎるほどに律していける人でなければ、確実に鈍感さは塗り重ねられていく。運動会の練習の時、子供たちを炎天下で練習させておいて、自分はテントの下にいる人も少なくない。そういう時でも、日頃子供に心を配っている教師は、当然のごとく自分も炎天下に身を置いていた。

ぼくたちは何気なく言う一言一言を、ふり返ってみる必要がある。通知表に「責任感が全くない」と書いた教師がいた。よく聞いてみると、黒板係の子供が一回忘れただけだった。「責任感全くない」と「黒板を一回消し忘れました」とでは、まるで意味がちがう。残念ながら、教師の文には、大雑把なのが多く、事実を見ちがえているのが多い。「お母さんに、ぞうきんを縫ってもらいなさい」こうした言葉でも、父子家庭はいないか、夜おそくまで働いている母親はいないか。病気で寝ている母親はいないかと、気にしながら、心を配りながらぼくは言う。そうした一言が、子供の心の奥底でどれほど傷つけることになるか、ぼくは自分自身のことで知っているからである。

これは誰しもやっているあたりまえのことかもしれない。しかし、「鈍感な人が多すぎる」という現実もあるのである。「宿題をしなさい」「お父さんはどんな仕事をしていますか」「机の上をせいとんしなさい」「きちんとすわりなさい」(ちなみに「すわる」はまちがった使い方で、「腰掛ける」がこの場合は正しい)。こうした何気ない一つ一つの言葉に、家で働かざるをえない子、父親のいない子、失業している家の子、机のない子、発達に遅れのある子、こうした一人一人のことを、意識しなければいけないのである。

## （4）楽しい日は一日もなかった——子供の日記——

子供の日記は週に一度見ることにしていた。子供の世界は多彩であった。心の広がりも深遠であった。教室の子供からはうかがい知れぬ生活もあった。

その女の子は、元気ではちきれるように、いつもとびまわっていた。

「お金があるからといって幸せになれるということはない。お金がなくても幸せの人はいっぱいいる。でも、私たちの場合は、幸せになりたくても手が届かない。悲しかった日のことは忘れて、幸せだけを見つめていく人もいる。しかし私たちには、これができない。悲しかった時がたくさんありすぎるからだ。私の今までの人生で楽しかったことはほとんどない」

と書き始めにあった。それに続けて、生い立ちがくわしく綴られていた。

義父はやくざであって、毎日毎日殴られて生活していた。いかにして義父の顔色を読みとるかも書かれていた。母親は夜の商売に出かけ、インスタントラーメンが毎夜の食事であった。「逃げると殺す」とおどかされ、「何度死のうとしたか知れない」と文中にあった。

教室での彼女の様子が仮の姿であることを知って、ぼくはいささかうちのめされた。

教室の中での楽しい時間は、この子にとってかすかななぐさめにしかすぎなかったのだ。その子は、重く苦しい、想像を絶した日々を送っていた。こんな時、教師は悲しいくらい無力であった。教師のみならず、児童相談所も警察も無力であった。法律上の枷があったからである。

教師の無力さをかみしめながらも、何かをしなければならなかった。その子は、教師だけには心を開いてくれ、学校を信頼してくれていたからである。

卒業式の日、その子と母親は着のみ着のままの姿で家出した。

三カ月後、「何もないけど幸せです」という、住所の書いてない便りが届いた。

子供に日記を書かせてきたのは、子供の生活をもっと知りたいためでもあった。一人一人を見つめた教育をしたいからであった。教室の中の姿だけで子どもを理解できるほど、ぼくの技量は高くはなかった。

日記を書かせていると、付随する効果もずいぶんとあった。ものを見る目や考える力がしっかりとしてくることや、毎日一定の努力をする習慣が育ってくることなどであった。

日記の返事は、大きな事件へのぼくの感想とともに、次のようなことを必ず付け加えた、始まりのころは「毎日書きなさい」ということであった。ぼくは、毎日書くことにも大きな意味を感じていた。それを越えると「長く書きなさい」ということを指示した。どの子も長く書こうとして、一日の生活の始めから終わりまで書いていた。それができるようになると、「一つのことをくわしく書きなさい」と指示をかえた。ここまでくると、文章は見ちがえるようになってきた。これだけで一学期は必要であった。

さらにその次は「書かれたことに対する自分の意見を述べなさい」ということや、「事実と意見を分けて述べなさい」という指示に発展した。

その頃になると、文について直すようにもした。文末表現が、敬体か常体かで統一されていないものは特に厳しく注意した。主語と述語を正確に書くことも強く言った。女の子は、気どるためだろうか、「そうした方が良かったかも……」みたいな書き方をよくした。ぼくは、達意の文が書けるようになるまでは、「そうした方が良かったかもしれない」と述語を書いた方が文も美しく、内容もはっきりすると話した。その他に、文章指導の初級編として、十項目くらい授業をした。簡単なレトリックを使いこなせること、文の視点を一貫させることなどが、それには含まれている。教師の書いた多くの文に接してみて、「文末表現が統一されていること」と、「主語・述語が正確であること」という二点だけでも、きちんとしている文は少ないように思えるのである。

名文・美文は書けなくてもよいから、正確に意味の通じる達意の文が書けるように指導することは、大切な仕事であると思っている。

子供の日記から、二編を紹介する。

一月一日㈯　吉永礼子

一九七二年をむかえるにあたって

今年もまたいつもと同じように始まった。このはい色の空の下にて、青い空を求め、みどりのいきいきとした葉を求めて、友と手をつなぎ、世界中の人と手をつないであゆみ出した。まだ身のまわりの差別でさえけせない私たち。けれど世界中の差別をなくそうと夢をもってあゆみ出した。今年こそはクラスの中にある差別をなくそうと。けれどあと三カ月ぐらいで卒業。卒業へと一日一日近づいている。けれど卒業の次には入学。洋さんや友や学校とわかれるのはつらいけど、どんどん新しいぼうけんをしなければ私たちは成長しない。一九七二年の始めの日。だけどいつもと同じ一日。しょうじき言って何だかさっぱりしない。新しい年をむかえる気持ちにあこがれていた私だけど……。でも今をせいいっぱいむだなく生きたい。

一九七二年一月一日午前一時二〇分。新しい年をむかえたというのに家の中は真暗やみ。四人だけで家族だけで楽しくしんみりと新しい年をむかえようと計画を立てたのに、家の中にはおとうさんがいない。それも、おかあさんとけんかをして出ていったのだ。二かいのおじさんのさそいでよっぱらったおとうさんは、家の中に暗さだけを、かなしさだけを残して出ていった。あんなに今の時間を楽しみにしていたのに。あんなに家族だんらんの時間を楽しみにしていたのに。それなのにおとうさんは……。

そのために一九七二年を私は涙でむかえた。ぐうぜんに私の時計は止まっていた。一一時四三分で。ただそれだけだけど、私はなんだかかなしかった。一一時四三分といったら去年。私の家はまだ一九七二年をむかえていないのだ。

一時三〇分。戸があいておとうさんが入って来た。そして笑顔で「そこの神じゃのあま酒うまいぞ。おとうさん二はいのんだ。おまえたちも行こう」と言った。するとおかあさんが「行こうか」と言ったので私は涙をふいた。そしてオーバーをきて行った。あたたかかった。心も手も足も顔も。とてもあたたかかった。私はみんなより一時間半おくれて新年をむかえた。それでいいんだ。涙を流したのは去年。それでいいんだ。あま酒はおいしかった。

五月十日　岡本　哲

我思う。故に我あり。

「ことわざ格言辞典」というのを見た。『六年の学習』についてた付ろくだ。「あおいで天に恥じず、ふして地に恥じず」にはじまり、「生きるということは考えることである」で終わる五九言。その中で気にいったのは、「我思う。故に我あり」デカルト／「人の一生は重荷をおうて遠き道を行くが如し、急ぐべからず。不自由を常と思えば不足なし。心に望みおこらば困きゅうしたる時を思い出すべし」徳川家康／「山高きが故に尊からず、樹あるをもって尊しとなす。人肥えたるがゆえに尊からず、知あるをもって尊しとなす」りゅうしゃく

／「人は人によりて人となり得べく、人より教育の結果を取り除けば無とならん」カント／「人間は一本の葦にすぎない。しかしそれは考える葦である」パスカル／「読書百ぺん意おのずから通ず」とうぐう／「人生には友情より気高い快楽はない」サムエル・ジョンソン／「友遠方より来る、また楽しからずや」孔子／「徳の唯一の報しゅうは徳である」エマーソン／他一七の計二六言。

格言というのは、なぜか好きなんだよなあ。感想は下手だけど。

岡本への返事　「我思う。故に我あり」の意味をのべ、さらに感想をのべよ。向山

返事

「我」というのは自分のこと。「思う」はふつうの思う。「故に」というのは、算数でよく使う「それだから」ということ。辞典にも「理由・わけ・だから」とある。「それだから」とも書いている。「あり」というのは、自分がいること。つまり、そこにあるという意味だと思う。

全部まとめてみると「自分が思っている。それだから自分はここにいる」となる。しかし、何を思っているのかはわからない。何かを思っているんだから自分はそこにいる。なんとな

く、自分の考えにほこりをもっているような言葉だ。一気にスパッといえば、「自分が何かを、ほこりとして考えている。だから自分はここにいる」という意味。

何かほこりになる考えをもっていなければ、この世にいられないという意味だろうか。しかし、そのほこりに思っているものは何か。それが疑問に思えてきた。このほこりというのは、物体なのか考えなのか。これは一発でわかった。考え方だ。

でも、ほこりは誰でももっているものではないのか。僕の日記の5／10に出たドイツの哲学者カントの「人は人によりて人となり得べく、人より教育の結果を取り除けば無とならん」のように、教育の場での自分の考え方やほこりを取りのぞけば、何もなくなるのではないだろうか。

話は横道にずれるが、僕は今、絶好のヒントをつかんだ。それは、カントの哲学者で思い出したんだ。こういう格言が、思想家・政治家・哲学者・宗教家などがだんぜん多い。しかも、思想家や哲学者の格言は、ほとんど自分の体内・心などをあらわしている（ex.「人間は一本の葦にすぎない。しかしそれは考える葦である」）。

この「我思う。故に我あり」の作者も、思想家・哲学者ではないだろうか。すると、なにか、哲学・思想に関係したことと予想できる。「思想家」を辞典で調べると「思想とは経験・思考・判断による意識の現象。考え。心にいだける思い。思想家とは、思想にふける人。思想の豊かな人」とある。哲学者は、「自然・人生及び知識の現実・理想に関する根本的原理の学」と書いてある。また、「人生のもととなる道理を研究する学問」ともある。

この場合、僕は哲学者だと思う。それは、「経験・思考・判断による意識の現象」とあるが、どうも、判断や経験などで、こういう言葉がつくれるとは思えないからだ。

それは、やはり、人生・現実や理想というものによって、できると思うんだ。思想というものは、全体をまとめていると思う。つまり、現実にあることも、ないことも思い、想像していると思う。

哲学者というのは、科学的に現実的に物事を考える。「思いや想像」と「現実・科学的」、ここが思想家と哲学家の大きな違いだと思う。

「我思う。故に我あり」の意味をまとめてみると、「自分の学問での考え方をほこりに思っている。それだから自分はここにいる。それだから自分はここにいられる」という意味になるのではないだろうか。

岡本への返事　向山

辞書だけをたよりに、一つの言葉をここまで掘り下げたことは、実に見事というほかはない。一つの文を分析し、足りない言葉を補いながら追究していった態度は、どうしてどうして、実に科学的だ（ぼくは日頃口ぐせの、非科学的人間という、君のあだ名をひっこめなければならない）。

岡本の論理のポイントは三点あると思う。

第一は、デカルトはどういう立場の人であったかを追究していることだ。「判断や経験」でこうした言葉がでるはずがなく、「人生・現実・理想」などによってできるのだから、哲学者であろうというふうに想像している。

「判断や経験」と「人生・現実・理想」とのちがいが、君にとっては、どういうちがいなのかを述べられていないのは残念だが、とにかく、そのちがいから、哲学者であろうと想像していったこと、これは全くあっている。

デカルトは一七世紀に活躍したフランスの哲学者であった。当時の哲学者がそうであったように、科学者・数学者でもあった。

これを想像したことにより、君はこの言葉の意味を理解する大きな手がかりをつかんだことになるわけである。

第二は、何を思っていたのかを追究したことにある。何を思っていたのかを追究したということは、とてもすばらしいことであった。なぜなら、それがこの言葉の中心だからである。

それを君は「ほこり」と考えた。合っているといえば合っているし、ちがっているといえばちがっている。実に惜しいというほかはない。

カントの言葉の「教育の結果を取り除けば無とならん」を引用し、「自分の考え方やほこりを取りのぞけば、何もなくなるのではないだろうか」と君は考えた。このことは、このことこそ、実は問題の中心なのである。「考え方やほこりを取りのぞけば、何もなくなる」ということは、デカルトにはどういうことを意味していたかを追究すべきだった。もう一歩のつっこみが不足していたのである。そうすれば「我思う」の思うは、何を思っていたのかがわかってきただろうと思う。これは次回までの宿題としたい。

第三は、「あり」という言葉を、「自分がここにいる」「自分がここにいられる」と考えたことである。これも、実にすばらしい。ただ残念なことに、このことに対する説明がない。あえていえば、「科学的」に、「現実的」に物事を考えるといっていることが、関係するのかもしれない。科学的に現実的にとはどういうことなのか、もっと追究してほしかった。「ここ」とはどういうことを意味しているのか、「ここにいる」と「ここにいられる」とはどういうことを意味しているのか、がほしい気がする。

そのまとめであっているのだが、なぜそうなるのかが説明不足なのである。これも次回までの宿題としたい。

ヒントを言っておくなら、第二のことと、第三のことは、密接に関連している。「ほこり」というような明るいものではなく、もっとせっぱつまったものである。デカルトは、すべてを疑い疑い疑いぬいていったのである。すべてを疑い疑い疑いぬいていくとはどういうことであったのか、一つここらへんから考えてみなさい。

ではまた次回の日記で。

## 5　教師と交信

### （1）てふてふが一匹韃靼海峡を渡って行った

五年生を担任してすぐ、短い授業をしたことがあった。その時は、教師・子供・卒業生・父親・母親が一緒になって、その詩の分析（解釈）をした。文学教材の一つの基本にふれるようなことも議論された。以下に、当時の学級通信を再録してみることにする。

〈学級通信第二十九号〉

詩――次の詩を解釈せよ。

てふてふが一匹
韃靼《ダッタン》海峡を
渡って行った

さきおととい、中一の卒業生がやってきて「右の詩について文を書いてくることが宿題になった」と言ってきた。二人で、この詩の基本的構造と表現について話し合った。これでもぼくは、教師のはしくれだから、自分の分析をちゃんと言った。昨日子供たちに、この詩についての授業をした。一時間やったが足りなかった。三時間ぐらいほしいところだ。本日も卒業生の桜田と河原（ともに中一）が授業参観に来たので、この詩についての作文を全員に書かせた。彼女たちはこの詩の授業をうけてない。復習の場面を三分間くらい聞いただけだ。卒業生と子供の作文を以下にのせる。何かを感じていただけるだろう。

さて、その前に、お母さんお父さん方に問題を出す。

㈠右記の詩を解釈（分析）しなさい。

㈡右記の詩を三時間で授業するとしたら、どういう計画（流れ）にするか、五分刻みぐらいで計画をたてなさい。

むろん、できなくてけっこう。しばらくの間、考えていただければよい。なお、作者、作られた年月日等は、ぼくも知らない。唯一この作品だけが手がかりなのだ。

解釈　山田太郎（五年）

作者は、このてふてふの勇気に感動したのだろう。ぜっ対に死ぬとしっているてふてふに、「飛んでいってくれ」という願いをたくしたのだろう。「てふてふが一匹」というのは、むれをなさないで、一人ぼっちでわたっていったのだろう。ふつう、一匹で旅をするよりも、むれをなして旅をする方が、生きるかくりつが多いのだ。それなのに、このあらあらしい、まの海峡をわたっていくのだ。その勇気をこの作者は書いたのだろう。もしも、わたって行ったという文章を書かなかったら、てふてふは、と中でもどって来たかもしれない。作者は視線のとどくところまであきらめないで、見つめたのだろう。
ぼくは、このてふてふの勇気と作者の願う心に感動した。このてふてふがふつうの陸地をとんでいるのなら、なんとも思わない。しかし、韃靼海峡というハンディをせおって、とびたつすがたに感動した。

〈学級通信第三十号〉

詩その二――「てふてふが一匹　韃靼海峡を　渡って行った」

一昨日に続いて、今日は高田よし子(中一)が弁当持参で授業にやってきた。五校時は図書なので、「韃靼海峡」の作文を書かせることにした。桜田も河原も高田も、一緒に「むずかしい」と言い、五年生の作文を感嘆するようにほめていた。「君たちだって、その位いつでも書いたじゃないか」と言うと、桜田は「五年生の初めに、私は絶対書けなかった」と言うのだった。いつか、お母さんの返事に書いたことがある。「本当に力のある子は見栄をはりません。そうする必要がないからです。そして、他人のすばらしさに心から感動します。それが本人をまた成長させます」という意味だ。低俗な「優等生」を批判しての文中でだ。右記三名の力はすばらしい。特に桜田の書いた〃やまなし〃の評論文は、並の大学生ではまず立ちうちできないだろう。そうした力をもった子供たちが、素直に心から、五年生の作文にかないませんという。その心がまえにぼくは心うたれ、満足したのだった。

解釈　桜田千枝（中一）

「てふてふ」という字は、漢字でも書ける。また「ちょうちょう」とも書ける。しかし、この韃靼海峡という四文字の漢字で表現されているものの対比としては、「蝶々」ではだめだったのだ。平仮名の「ちょうちょう」でも……。

「てふてふ」は、視覚的にもやわらかい感じである。それに対して「韃靼海峡」は、大波がざーっとかぶさるように、あとからあとから押し寄せ、水しぶきさえも岩につきささるような鋭い感じだ。

うす暗く、重くたれこめる雲。それこそ海がとてつもなく大きく見え、はるかかなたで空も海もつながっているようなそんな地の果てで、岩の岬に灯台があり、そこに自分は立って、潮風にゆれる「てふてふ」を見ているのだと思う。

この詩では、強いものと弱いものが対比されているが、もう一つ、小さいものと大きいものが対比されている。「てふてふ」が群れをなしていたら、作者だって、こんなにもして渡らせたいとは思わなかったろう。一匹だからこそ、詩になる。

「渡って行く」ではなく「渡って行った」という文に「てふてふ」を見つめ続ける作者の姿が浮かぶ。「死ぬにちがいない」と思ったろうが、「なんとしても渡らせたい」と思ったにちがいない。

作者には「てふてふ」の姿に同感できる、自分自身の「かけ」があったのではないだろうか。「てふてふ」と同じように、自分もまた社会という自然の中での一人でしかないことを、考えながら見ていたのではないだろうか。

春に舞う「てふてふ」が、北の荒々しい海に、自然そのものにいどんでいく心は「自然に負けまいとする自分」ではなく、「弱気になる自分に負けまいとする自分」であったのだと思う。波の余波でさえ散ってしまいそうな「てふてふ」に、「自分に対する自分」を感じたのだ。

強く大きいものに、弱く小さいものがいどんでいく。その「てふてふ」の姿は弱いが、心は強い。その強い心を象徴することばが「海峡」である。心のたくましさと、海峡の景色が、同じイメージとして表現されているのではないかと思う。

〈学級通信第三十二号〉

詩その三――「てふてふが一匹　韃靼海峡を　渡って行った」

解釈　河原　香（中一）

六年生の授業を思い出した。島木健作の〈赤蛙〉という作品だった。川を渡ろうとして、自然にはばまれ渡れずに、何度も挑戦する赤蛙を数時間も見続ける人の話だ。その人は病気であり、自分を不可能に思えることに挑戦する赤蛙になぞらえた話だった。この時も、テーマは同じではないかと思った。

作者は病気であった。またはそれと同じような不幸をもっていた。長い長い旅を続けていた。どこまでも、どこまでも……。北へ北へと……。旅人は疲れはてていた。もう進めないほどに……。その時に。この「てふてふ」に会う。海峡を飛んでいる「てふてふ」に。

自分の心の奥にある希望をそこに見る。自分の病気に勝ちたいという希望。「てふてふが一匹」その一匹が自分であり、韃靼海峡が自分の病気であった。

「てふてふ」が韃靼海峡を渡るなんて、とうてい無理なことであった。しかし、作者には、自分の不幸をのりこえる事とそれは同じであった。「てふてふ」はたった一匹で渡っている。団体で渡ってはいない。たった一人で生き延びていくのだというように渡って行った。「去って行った」のではなく「渡って行った」のだ。「渡って行った」という表現に、希望を失うことなく、乗り越えていけるのだと思う作者の心を感じる。

どうして、果てしなく永遠に続く「海」とせずに、「海峡」としたのであろうか。海とした方がもっと迫力があるのではないか。しかし、「海」としたならば、向う岸もなく、永遠に続く海原で、希望が全くなくなってしまっただろう。「海峡」だからこそ、向う岸にたどりつくかもしれない、かすかな、ほんのかすかな希望がわいてくる。

病の日が永遠に続いたなら、つまらなくさびしい日々を送るかもしれない。自分の病を乗り越えることができたなら、もっと楽しい人生を送れるかもしれない。そんな消えそうな、かすかな夢を、蝶にたくしたのであろうと思う。

〈学級通信第三三号〉

詩その四――「てふてふが一匹　韃靼海峡を　渡って行った」

解釈　A男の母

この詩を解釈してくださいという先生に、何とロマンチックな先生でしょうという思いと、何と酷なことを書かせる先生でしょうという思いが、同時に心中を去来しました。もうすでに、人生の道程をUターンしている私にとって、この蝶の冒険は(冒険ではないなら、夢、願望、勇気は)、もう遠い過去に置いてきたような気がしないでもないからです。思えば、すべて人生の出発点は、決断と勇気、未知に対する探求心から始まるのではないかとさえ思ったりいたしました。

実は、この詩を息子が持ち帰った夜、親子で話し合いを致しました。主人とは一二時ころまでも……。まさか、こんなに早く子供と主人と三人で、人生の何かを話し合うなんて、思ってもみませんでした。

主人が申しますには、「これは蝶だけでなく、他の何にでも当てはまることである。この蝶は、何の思いもなくとんだにすぎないが、この作詩者のその時の心境が、これを書かせたのだ。この蝶は、絶対生きては渡っていけない」でした。主人の意見に対して子供は、「何分の一、いや何億分の一でも可能性がある」と、ひきさがりません。主人は一〇階の屋上から人が飛びおりたらもう助からないという例を出し、絶対助からないのと同じだと申します。息子は、「飛び込むと分かっていたら、その下にマットレス、ふとん、あみ等を張れば、生きる確率がある」と申します。

母親としては、息子が自分の知らない所で、ぐんぐん大きくなっていくのを見ていると、嬉しくもあり、ちょっと置き去られていくのではないのかと、一抹の寂しさを覚えました。

主人は、「おまえのように中身のない奴には、この詩の中身が分かる筈もなく、ただ蝶が海を渡って行ったくらいにしか思ってないだろう」と、いつもの亭主関白ぶりで申します。

この蝶は、確かに物思わぬ一匹の生きものにすぎないけれど、その情景を見て、心の中までずっしりと覆いかぶさってくる重味のある詩をかく人ってどんな人なのかしらと思いました。男性かしら、女性かしらと思ったものです（まず男性でしょうね。理由はなく、第六感です）。

私も息子と同じ思いで、この蝶が自分の身も考えず、海の何たるかも分からずに飛んでいった先に、きっと幸せが待っていたのではないかと信じています。運のある蝶であれば、一葉の葉に疲れを休め、流木に憩を求め、雨ふれば船の帆かげに身をひそめ、きっと海峡を渡って行っただろうと解釈しています。

追伸。三代目の桜田千枝さんの作文を今読んで、ただもうびっくりしています。すごく立派の一言です。自分の書いたものが恥ずかしいです。

〈向山〉人生を語る親子の姿が目に浮かぶ。親父は酒を飲んでいるだろうな。母親はにこにこしてるんだろう。息子が必死に反論する。「ボウズ、やるな」と親父は内心思い、杯を重ねる。さぞかしうまかったことだろう。

親父は浮き世のきびしさを語り、息子はロマンをひたすら求める。母親は亭主の言を理解しつつ、息子のロマンに同調する。何とすてきな風景だろう。

〈学級通信第六一号〉

再び――「てふてふが一匹　韃靼海峡を　渡って行った」

作者……安西冬衛　明治三一年三月九日奈良生まれ。大連に住み、大正一〇年、関節炎で右足を切断した。昭和四年詩集を出版、その中に〝春〟と題してこの詩がある、昭和四〇年、六六歳で死去。

解釈　A子の母

ひらひらとした、弱々しい小さな命が、茫漠とした韃靼海峡という暗く冷たく底知れぬ深さの、荒れ狂う波の広い海峡を、けなげに飛んでいって見えなくなった。

暗い波間に見えなくなり、どこまで飛んでいけるのだろうという不安、無事を祈る心、見えなくなったものへの哀惜の情、そして蝶が飛び去ったあとに残された作者の空虚な心がひしひしと伝わってくる。

しかし、作者はこの蝶に何を見出したのであろうか。調べてみると作者は体が不自由である。そして題は春である。今までの暗い自分の生活から、ほんの少しの春をそこに見出し、これからの人生の希望をこの蝶に託したのかもしれない。

かよわい蝶が飛び去ったあとの静寂な風景が、一幅の絵のように私の心に焼きつくのである。何と勇壮で華奢、大胆で繊細、重厚で明快な、人の心を勇気づけてくれる詩だろう。たった一八文字の簡潔な文であるが、人の心を無限の世界に誘ってくれるようだ。

この学級通信でこれを特集してから、いくつかの雑誌・新聞でこれが登場しているのを目にした。読まれた方もあろう。明山と、三代目の高田のお母さんが、読売新聞（五月十四日夕刊）を持ってきてくれた。「よみうり寸評」の欄に、この詩がのっていた。

昔、荘周は、夢でチョウになった。ひらひらと舞うのが余りに楽しく、めざめて、自分がチョウになったのか、蝶が夢で自分になったのかわからなかった。生の楽しみという点では、人間はチョウだし、チョウもまた人間だ。

という書き出しである。

六月十三日の朝日新聞の夕刊にも大きく載っていた。七段ぬきの記事である。「五分の虫も、千数百キロの旅」と題してである。

「てふてふ」の詩を引用したあと、次の文が続く。

モンシロチョウやウラナミシジミ、ウスバキトンボなど一部のこん虫が海を渡ることは知られていた。が、アカギカメムシやヒグラシなど生まれ故郷から遠くへは飛ばないと考えられていた虫まで「渡り」が目撃された。

そして学者がインタビューに次のように答えている。

「海上を毎秒五mの西寄りの風が吹いていて、虫がこの風の中を浮いて流れたとすれば、九〇〇㎞の距離は五〇時間で行きます。時速二〇㎞でとべば二四時間です。そのくらい何も食べなくとも平気です」

あと、何で読んだか忘れたが、チョウは海を渡るとき、裏がえしに水に浮いて羽をやすめるそうだ。しばらく休んで、また飛び立っていくのだという。

〈学級通信第七三号〉

三たび――「てふてふが一匹　韃靼海峡を　渡って行った」

解釈　大山　聡（中二）の日記より

強烈な描写は浮かんでくるのだが、非常にむずかしい。表現の方法や情景を考えれば「強いものに対する弱いもの云々」ということになるのだが、この場合はもう少しあるような気がする。なにせこの「てふてふ」は、たぶん生きていられるのはあとわずかなのだ。なんで地上にいないのだろうか。追いつめられたものの最後の抵抗だとか、何か強いものに追われたのだろうだとか、ここで相当想像しなければいけない。しかし、どうしても、海に出てしまったこと自体に疑問をもつのだ。そして、作者の感動も、そんな強弱云々にあるのかどうかも強い疑問なのだ。

そこで考えた疑問が二つある。一つは、なぜてふてふが海に出たのか。二つは、強い者に対する弱い者の勇気だとか、可能性に挑戦するといった姿勢に、本当に作者が感動したかだ。

第一の疑問について僕はこう思う。確かに作者はてふてふに自分を見た。つまり、陸にいればいいものをわざわざ海に出たというのは、作者が好んで樺太まで来たということになる。もし、てふてふが強いものに追われてこうなったとすれば、作者は権力に追われたととっていいはずだ。

冬衛の来歴が分かれば、てふてふがどうして海に出たのかが分かる。向山先生の話によれば、冬衛は片足がなく、全国を渡り歩いたそうだ(放浪と言った方がいいかもしれない)。すると、冬衛と重ねて考えると、てふてふは原因なく海に乗り出したことになる。てふてふに好奇心があるとは思えない。作者は、てふてふを見て感動したのだから、この点はどうでもいいではないかとは言えぬ。作者においてのてふてふの位置を見るためにも必要だし、無視するには大きすぎるくらいの疑問だからだ。

この状態の周辺がどのようになっていたか分かればいいが、おそらく分からないだろう。全ての推計は詩そのものから、詩の表現からとらなければならないから、絶対完全と言いきれるはずがない。

さらにこの詩は、作者の視覚を通して作られたと考えられるから、死角にあるものは見えるはずがない。それに目は蝶に、心は自分に行っているはずだから、周辺が分かっているはずもないし、詩に加えられるはずもない。したがって、この疑問には推定しかできないのであって、解いても完全とは言えない。

さらにこの詩には、「渡って行った」の「行った」という過去形が使われており、現在はてふてふはいないことを示している。そして「どのようにして」「行った」とは書いていない。あるのは「てふてふが一匹韃靼海峡を渡って行った」という事実だけなのだ。

表現について追ってみる。まず桜田・河原・五の一の諸君にも周知されている「てふてふ」と「韃靼」である。「テフテフ」といういかにも弱々しい感じのするものに対し、「ダッタン」という強大な感じのするもの。さらに言えばヒラヒラと舞う「てふてふ」に対し、向う岸が見えないほど広い「韃靼」。もう一つおまけに一匹である。

お次は「行った」という過去形と思われる表現である。もしかすると、途中でひきかえしてくるかもしれないいが、見えなくなってから、回想しつつ書いたのではないかと思う。以上のことを基本において、第二の疑問を考えてみる。まず、河原の意見を批判してみるが、「『てふてふ』が韃靼海峡を渡るなんてとうてい無理なことであった」とある。そして「『渡って行った』という表現に、希望を失うことなく、のりこえていけるのだと思う作者の心を感じる」というのは、ちょっとおかしい。特に傍点の部分は。もし作者の心を感じるならば、絶望かもしれない。桜田にしても「『死ぬにちがいない』と思ったろうが」とあるのは、やはり自分が「死ぬにちがいない」と考えたわけであろう。そして「『弱気になる自分に負けまいとする自分』」とあるが、これもおかしい。蝶ならば、疲れれば下に降りよう。羽がぬれてからでもあがくだろう。つまり限界に挑戦していないわけだ。「負けまい」としていないわけだ。

　僕だったら、団体の方がはるかに心を打たれる。年老いたものは次々に波間に姿を消すだろう。そしたら僕は、目をそむけるだろう。

　僕だったら、静かな海でしかも夜であった方がよっぽど対比が強く見える。しかし、「ちょう」といわれるものは夜間は行動しないので、昼間としよう。静かな、ごく静かな海。雲ひとつない空（なぜ暗い方がいいのだろうか。もともと人間には暗いところは見えにくい。アメリカの実験結果によると、一色に塗った部屋で一番正気を失う率が高いのが赤、そして黒となるそうだ。さらに人間は本能で分からない未知のものに近づきたがらないとのことだ）。とにかく、雲一つない空。風さえも静まって「てふてふ」の行方を見守っているような感じになる。しかし気温はまだ、刺すような寒い北の春だ。僕が何を言おうとしているのかといえば、残酷ムードである。もし雲が出れば風が吹く。それが「てふてふ」にどんな助力をするかも分からない。無助力、無妨害だ。波が立っていたら何が流れてくるかわからない。見渡す限り海だ。これが最大のハンディだと確信している。「てふてふ」に限界以上を求めるのは無理だ。それに「てふてふ」はたった一匹で波間に姿を消すだろう。つまり作者は樺太にいることをよく思っていないと考えるわけだ。これではいけないだろうか。いけないと言えるだろうか。長い人生は、ふとしたことで振り返り苦笑することが多いものだ。

僕は前述のように解釈したい。海に深く出てしまった「てふてふ」は、大自然に抗すべくもなく、進むも退くもあるものは死。

このようなことで、人生というものを考えてみるほど幼い作者だとは思えない。桜田・河原の解釈は、女の子の感傷である。向山流にいうと乙女チックだ。さて、これから先であるが、人間の生き方を暗示したのだとすると、いくつもに分かれて受けとれる。進むべしと、停滞すべしと、沈思黙考すべしの三通りである。進むべしは、つまり同じ死ならば少しでも進もう。進めば何かいいことがあるかもしれない。最後まで、最期の一瞬まで進むのだということ。停滞すべしは、自分のとった行動を良いと思わず、この地に永住しようということ。沈思黙考すべしは、てふてふを見て、今の僕のように悩むわけだ。まず後退ということは考えられないのだが、断言はできない。いろんな本に書いてある。絶対の自信をもっていたものこそ、崩れると速度が速いということを。

つまり、この作品からは、どのようにでもとれるのだ。ただ、一般的な解釈が、桜田のそれであり、河原のそれである。ただ、一番感傷的なのが、桜田のそれであり、河原のそれなのだ。僕には、描写だけで十分な感が満ちてくる。

絵と同じだ。作者の心は心で、見る者の心とはちがう。見る者は、それぞれ環境や先入観に左右されたりする。ことに絵は、理を通して解釈することができない。

## (2) ある父親の投稿とその返信

〈学級通信第七五号〉

四たび――「てふてふが一匹　韃靼海峡を　渡って行った」

大沢君のお父さんの手紙　大沢秦夫

今でもそうですが、僕は少年時代から本好きの子供でした。ちょうど昌史と同じ五年生の時、調布大塚小学校の正門の脇に完成した図書館で（今の理科室）リットン卿の『ポンペイ最後の日』（これは講談社の少年少女世界文学全集？　だったと思います）や『北欧神話』を夢中で読んだのをよくおぼえています。一人早熟な友人がいて、その頃創刊されて間もない岩波の少年文庫や、「少年」のつかない本物の岩波文庫のシャーロック・ホームズや、戦前のたしか春陽堂から出ていたルパン全集等を互いに貸借し、感想を興奮して話し合いながら手あたり次第に読み、小学校の終わり頃から、その友人と二人で古本屋をあさる楽しみをおぼえました。

　中学に入るとこの傾向はもっと進み、これもちょうど創刊された早川ミステリーの探偵小説を中心に、ヘミングウェイ、レマルク、カミュ、マルローの翻訳物へと広がって、高校進学の勉強そっちのけで読みふけったものです。当時のことを今ふり返ってみると、この頃の読書は、今の僕の仕事や生活・趣味・趣向・ものの考え方にまでふかくかかわりあっていて、僕なりの一本の線が現在までのびていることを感じます。この一本の線の起点は、やはり小学校の時に読んで心に強く残ったなにものかであると確信をもって言うことができます。その内容はこの文章の主旨とは離れるのではぶきますが、要は僕の場合、国語の教科書に載っていない読物から知的な精神性、ないしは感受性が育ってきているということです。

さて以上のような僕の偏見に満ちた読書歴をふまえて、上の詩(これははたして詩なのか、作者は誰なのか、前後にもっとフレーズがあるのか、あるいは散文の一切れなのか僕には分かりませんが)を、先生が子供たちに考える素材として提出したことについて、また、この文章そのものについて、全く個人的な感想を、簡単に述べてみます。

まず、このような詩(ないしは詩的な文章)を解釈しようとすることに疑問を感じます。なぜならこれは、作者の視覚的なイメージと衒学的な言葉の集合から構築されたものと思われるからです(ことわっておきますが、このような性質の文章は後で述べるとおり僕は好きです)。一言一言の言葉を見ていくと「てふてふ」という書き方はすくなくとも戦前の表記方法であり、韃靼海峡というのは今のサハリン(昔の樺太)とソ連本土の間の海峡のことを古風に言った言葉だと思います。しかしこのようなことは、おそらく作者には全くどうでもいいことのように思われます。たまたま視覚的に蝶であり、エキゾチックで重厚な雰囲気の字づらとして韃靼海峡であるようです。これも個人的なことで恐縮ですが、僕はアレキサンドリアとか瑠璃色とかカルパチア山脈とか琥珀とかいう字づらを見て何とも形容しがたい情趣を感じるのですが、それと同じように、この作者にとってはどうしても韃靼海峡という文字が必要であったのでしょう。

ですから、蝶が一匹で海をけなげに渡って行く、その悲壮感と勇気などというそれこそ皮相的な解釈を強いられて(?・)しなければならない子供が少々かわいそうな気がします。この文章を読むことによって触発されるイメージ、これはおそらく説明的な文章や言葉で表わすことのできないもっと感覚的で抽象的な感情であると思いますが、そういうものを味わうことのできる鋭敏な感性をやしなうことが大切であろうと思います(そういう意味では、僕はこの文章をあまりいい出来とは思いませんが)。たとえば、例があまりよくありませんが、日夏耿之介という詩人の初期の詩は、ゴシックローマン体と称してまったく意味のない文字で読み、語呂を合わせ、韻をふむことをくりかえして、えもいわれぬ雰囲気を読む(あるいは文字を見る)者に与えますし、また、フランスの小説家M・ビュトール(この人は器用な作家で、まったく形式の異なったものも書きますが……)の『仔猿のような芸術家の肖像』という小説で、これまた通読すれば一言一言はまったく意味のない言葉あるいは文字の羅列で、ひとつの非常に幻想的なイメージの小説を構築(これこそ意識的、人工的構築です)しています。

『夢たをやかに密咒を誦《ず》すてふ
蕃神《かみ》のやうな黄老《おきな》が逝つた
「秋《さわきり》」のことく「幸福《さいわい》」のことく「来《こ》し方《かた》」のことく』

『まるで蛾が
——鱗繊石、雲母、ルビー、冠状の金紅石、燕尾形の石膏、青緑色の燐灰石——
これらのくすんだ小石の上にとまっていたとでもいうように。』

解釈できますか。またその必要を感じますか。しかしこれらの文章を読むと何か鮮やかなイメージの触発、感覚の高ぶり、説明できない快感に僕はひたることができるのです。

文章の国語的構造や表現の解釈も大切だということは自明の理としても、そのような理屈にとらわれないある種の詩や小説の、人それぞれの楽しみ方、読むことの快感を子供たちに体験させることが、現在の騒然とした社会の中にあって、とても大切なことではないかと思います。

〈学級通信第七七号〉

大沢君のお父さんへの返事　五月十二日　向山洋一

おいそがしい中のお手紙、ありがとうございます。いくつかの点で、大沢さんと考え方がちがっているのかもしれないと思い、その点について述べてみます。

子供たちが真に自由な心を持った人間に成長していくためには、「自由な教育」だけではできないと考えております。「自由への教育」とでも申しましょうか、束縛されている心を解放していく過程が必要であると思っております。

自由に、好き勝手に子供たちに何かをさせて、その中からこそ創造性が生まれ、自由な心が育つと考えるのは、全くの幻想であると思います。

子供はもともと不自由な鎖を、さまざまな形で身に付け、学校にまいります。「自分で好きな席にすわりなさい」という指示にもとまどうほどにです。勉強にいたってはなおさらです。そうした子供に一つ一つの力を付け、生きる力をたくわえ、伸ばしていった時にこそ、子供の心は解放され始め、自由な心を獲得し始めると考えています。

一定のそうしたものを習得した大学生や大人と、それは決定的ともいえるちがいがあると思うのです。大沢さんにしても、自己の習得の歴史の上に、幻想的なイメージをお受けとりになることが可能となったのだと考えます。

さて、文学教育ですが、ぼくは別途プリントのような考えをもっております。もしもお時間があればお読みいただけませんでしょうか。

(注)サークル研究誌へのぼくの論文だが、以下の要旨を述べる。

学校教育は、教育内容が一般性・普遍性を持っているからこそ可能となる。一般性・普遍性がないものは〝感〟といわれたり〝芸〟といわれたりするものであり、「教えてわかるものではない」ものであり〝会得〟するものだとされていた。徒弟教育、芸の教育は学校教育とちがった面を持っている。文学教育がむずかしいのはこの「芸」あるいは「感動」を扱うからである。この「感動」の教育を、算数の法則を教えるみたいに一律に強いたところに文学教育の混乱ははじまった。教師は目に涙をうかべて本を読み、「ここに感動しますね」などと感情を強いてきたのである。この学校型芸術教育が結果として文学教育を奇形化させた(ちなみに、こうした形の芸術志向は他の教科でも見られた。指導要領の音楽の目標が「豊かな創造性を養う」から「音楽を愛好する心情を育て」に変えられたのは、理のあることだと思う)。

このことに疑問を抱いた教師は、子供たちの感想を交換する授業を行った。初めに感想を書き、授業をし、終わりの感想を書き、感動の深まりを比較した。しかし、一週間に五回も六回も本を読むのだから感動は深まるはずはない。段々うすれていく。「感動の深まり」のみを追求したため、感動の教育と何らかわらなかった。「感想」は「感動+分析」から成り立っている。分析こそ教育すべきだったのだ。

こうした文学教育のひどさに文学者たちは、「学校での文学教育はしない方がいい」「読ませるだけでいい」と主張した。

しかし文学教育はできる。図画の指導で、絵の芸術性は教えられない。しかし色の配合、遠近法などの基本は教えられる。文学でいえば、視点、モチーフ、イメージ、人物関係等と言われるものである。こうした文学の基本こそ、教室で教えるべきなのだ。そうして子供はそれを基本にして発展していける。

「感覚的なことをうけとれる感性を育てていくことが大切である」というのは、そのとおりであると考えます。それこそ、「自明の理」としてです。そしてそれは、教室の中だけにおいてではなく、それこそ教科書外の、自由な読書等を含めて、培われたものだと思います。ぼくは、子供たちにたくさんの名作を読ませるべきであるという意見に賛成です。それは、文学の授業よりもある意味で大切なことであると考えています。しかし、限られた学校の授業時間の中では、文学の基本的なことを指導すべきだとも考えています。

ぼくは「解釈」と「分析」とを、ちがった意味で考えておりますが、分析していける視点は、教室でこそ学ばせなくてはならないと思っています。

（注）前出レポートより。『分析視点による文学教育は、まず読み手としての自己があり、ある作品を外側から（つまり読みの世界から）、分析視点によって解明していくことを中心とし、その分析視点を系統的に育てることを教育の内容とする。分析視点は他の作品でも応用できるから、連続性があり発展性がある。感動による文学教育は、その作品の内側に自己を入れ、その作品に自己を同化させていく、あるいは作者の世界へ

限りなくせまっていくことを中心とし、感動の深まりを育てることを教育の内容とする。感動は人がちがったり作品がちがえば異なるから、教育課程を組む場合に連続性はなく発展性は期待しにくい。』

実は今までの学校教育の文学教育には、それがなかったのではないかと考えます。音楽教育における階名・和音・リズム指導などのようなものが……。

こうしたことは、音楽をただ聞かせているだけでは、ましてや限られた時間内では、身に付くことではありますまい。少数の才ある人は別ですが……。図画教育における遠近法、色の配合等のようなものを、やはり一度は習う必要があるのではないかと考えています。そうした基本の上に、その基本的な形そのものまで破るような見方が育っていくのだろうと考えています。

〈ある種の詩や小説の人それぞれの楽しみ方〉にまでぼくは干渉したことはありませんし、強いたことはありません。むしろその逆だと思っています。したがって、作品に対する価値判断まで強いたことはありません。大沢さんが「てふてふ……」の作品を「あまりいい出来とは思いません」と判断されたのと同じように考える子供もいるかもしれませんし、その逆もあると思うからです。そして、それこそ感性の問題だと思うからです。

三好達治の詩に、

太郎をねむらせ　太郎の屋根に雪ふりつむ
次郎をねむらせ　次郎の屋根に雪ふりつむ

という詩があります。

ぼくはこれなど分析する必要はないし、イメージをふくらませていけば（これが大変なのですが）よいと思っています。こうした作品を、あれこれいじくろうとも思っていません。このような場合もむろんあります。

しかし、文学教育の中で、音楽の階名・和音のような、図画の遠近法等にあたるようなものを、やはり一度はきちんと教える必要があると思うのです。そうしたことを獲得した子供は、そうしたものをもたない子供にくらべて、おどろくほど多様な考えと追究とを始めるようになります。

伝統的教育方法の、あれこれ語句をいじくりまわすだけの「解釈」は、ぼくも文学教育にとっては害の方が多いと思っています。しかしいくつかの、せいぜい十ぐらいの、そうした基本的な文学の構成要素は、小学生のうちにぜひ教えておきたいと考えています。

大沢さんのように、大学で教えられたり、あるいは御自身が芸術の世界に身をおいていられる方と同質のものを子供が獲得していくまでには、やはりそれなりの道程が、それぞれの子供にあると思うのです。

基本を培うべき小学校には、やはりそれなりのものが必要です。大学で学ぶ人、また専門的な道を歩む人にはやはりそれなりのものが必要であるようにです。

前に学級通信にも載せましたが、小学校教育の中には多くのガラクタと、少数の珠玉とがあります。伝統的な「解釈」の文学教育の多くは、あたりまえのことをあたりまえのことばでおきかえるようなことであり、それこそ、ガラクタの代表であると思っています。感動もなく、発見もなく、視野がひらかれていくおののきもなく……。

さて、「しかしこのようなことは、おそらく作者にはまったくどうでもいいことのように思われます」という文には、多少ちがいを感じます。

「作者にはまったくどうでもいいことかもしれないし、大切なことであったかもしれない。しかしそれはどちらでもいい、作品はある意味で作者を離れているのだから。あるいは作者が意図しなかったことも表現されている場合があるのだから……。その表現されているものを、受け手が、読み手がそれぞれにうけとればいい」と、ぼくは思っているのです。

「作者にはまったくどうでもいいことであった」という自信がぼくにはありません。もっと言うと、大沢さんのいう視覚的な「ぼくは促音便の音感的なひびきも強いと思うのですが……。むろん、ダッタンは外国語ですからちがうひびきもあったでしょうが」解釈も一つのものであり、その意味では大沢さんこそが皮相的な解釈をしているかもしれない等と考えました。

なお授業の中で、「蝶が一匹で海をけなげに渡って行く、その悲壮感と勇気」等という解釈をぼくは強いませんでしたし、そうした考え方も言いませんでした。蝶に意志などあるはずがないからです。

授業したのは二つです。「対比させられているものは何か」と『渡って行った』の〃行った〃に含まれる視線の移動を説明せよ」です。あとは子供がそれぞれに受けとっていったのです。したがっていろいろな考え方が存在しました。

とりとめもなく、書いてきました。大沢さんのおっしゃっている根本的なこと、〈感性をみがき、あるいはそれぞれにうけとめられるようにすること〉等は、そのとおりと思っております。書くというのはまどろっこしいですね。いつか一杯やりませんか？　それでは乱筆乱文にて……。

〈学級通信第八一号〉

## 大沢君のお父さんからの再信

さっそく御返事ありがとうございました。

先生のプリント「文学教育の模索」と、この返事を読んだかぎり、僕の例の詩に関して感じた考え方とに、そう大きなちがいがあるように思えませんでした。

僕が言いたかったのは、この詩に代表されるような作品を解釈・分析することに（この詩に関して言えば「対比させられているもの」「視線の移動」とのことですが）あまり意味がないのではないかということ、その理由は詩というものが。ふつうはほかの文学作品に比べて、作者の感覚的イメージによってできる場合が多いので、読む者のさまざまな感覚で受けとればいいのではないかということです。これが〈学級通信第二九号〉の保護者に対して出された先生への答案です。

ですから、小学生に関する自由教育のこと、音楽や図工教育に関する問題などは、みんな先生の御意見の通りだと思いますし、文章にまつわる基本的な理解の方法を教えなくてはならないという考え方もよくわかります。おそらく僕も、無意識の内に、こういう基礎をふまえて教科書以外の本を読んだのでしょう。たまたま例の「てふてふ……」のような詩に代表されるようなものに関して、子供にではなく、保護者に対しての問題提起という形をおとりになった先生のプリントに答えたわけです。

一言付け加えさせていただければ、「作者にはまったくどうでもよかった」と僕が感じたのは、〝韃靼海峡〟の地理的意味や、時代的な言い表し方、つまり一つの言葉としての単純な意味が「どうでもいい」ことであって、まったく他の意味で、つまり前の手紙にも書きましたが、その言葉から触発されるイメージの情趣や視覚的効果や、また先生のおっしゃるとおり「音」とか「ひびき」として必要であったのであろうということです。

これは僕のように、分野は多少異なりますが創造する仕事（少々大げさで気がひけますが、他人の思惑をあまり考えず、自分の感性をたよりに何か作っていくことぐらいの意味にとってください）に携わっている者の直感であるかもしれません。われわれは、モチーフとしてのフォルムや色面や線を、その一つ一つの持つ固有の意味あるいは性格を無視して結合させたりかさね合わせたり、ゆがめたりして全体を集合し構成した時、その一つ一つの意味の加算ではなく、そこにまったく新しい異なった意味を持った作品ができあがることを知っていて、そのことに似ているように思われます。

先生のおっしゃる通り、文章で抽象的な考え方を含むものを説明するのはひどくまどろっこしいですね。この前の手紙といい、こんどのといい、どうも舌たらずで、ある一面の考え方しかお伝えできないのではないかと、たえず不安におそわれます。またゆっくりお話しする機会をもちたいと思います。先生には申し訳ありませんが、実は僕は下戸でありまます。しかしきらいではありません。強い酒がのめないのです。それでもよかったら、ごいっしょしたいと思います。

〈向山〉この手紙の後、ぼくは大沢さんと飲んだ。話もはずみ、ゆかいな一時であった。

文学教育や実践について述べることを意図したことではないのでこれで終わる。ただ、ぼくにとって思い出深いことを書けば、ぼくは宮沢賢治作の「やまなし」を、七年の間、授業ができなかった。ぼく自身が「やまなし」を読みとれないためであり、さらに何を授業したらいいのか確信がなかったためであった。大沢さんのお父さんへの返事にあるような考えにたどりついて、やっと授業らしいものができたのである。その授業を終えての子供たちの作文は、どの子も原稿用紙で五〇枚をこえ、一つの文学作品論のような水準に達していた。文中の卒業生の作文からその一端がうかがえると思う。この卒業生こそ、ぼくが初めて「やまなし」を授業できた時の子供たちなのである。

（「やまなし」の授業については、この本と同時発行の日本国語教育学会の『国語教育研究誌』（第83集）に所収されている）。

## 6　教師と仲間

### （1）東京の片隅の小さな研究会

サークルの出席者が持ちよったレポートを重ねると、ファイル一冊分になった。内容は、人それぞれにちがっていた。全国放送教育研究会への提案、学芸会用の自作の脚本、保護者会用の冊子、ひと塾参加の報告、遊びの実態調査と分析、教育技術論の覚え書き、全員の学級通信。これらが、前回から今回までの半月位の間の各自の主な仕事であった。

いつも七、八名ぐらいの小さな研究会である。しかし、一人一人の実践の検討をすると、三時間位の時間はまたたく間にすぎてしまうのであった。語り尽くせぬ話を、二次会の居酒屋でしゃべるのを常としていた。研究会の中では、レポートのある報告のみを検討することにしていたから、あれこれの話はいつも二次会で語られた。

このサークルは、十年前に大田区に赴任した四名の新卒教師によってつくられた。石黒修は、大学時代に隣のクラスにいた。スポーツマンの好青年であったが、ほとんど口をきいたことはなかった。この本が出版される頃ジャカルタの日本人学校に赴任する井内幹夫も同じ大学で、顔だけを知っている仲であった。松本昇とは、岐阜でおこなわれた全国教研で宿舎が一緒のため口をきいたのが初対面であった。

四人とも思想・信条もちがっていたし、教育に対する考え方もちがっていた。そんな四人がサークルを創ったのは、お互いの中に教育の仕事に対する真剣さを感じたからであった。本気になって仕事をしたい、本気になって教育を語りたいという気持ちが一致していたためであった。

初めて四人が一緒に語りあったのは、井内の四畳半の下宿であった。足の踏み場もないほど本や器具が散乱している汚い部屋であった。とっておきのジョニ黒をあけながら、夜の白むまで語りあったものだった。戦前の北方性教育に敬意を表していたぼくたちは、京浜工業地帯における教育の創造を目指して、京浜教育サークルとその名を冠した。全国的な研究団体には属さなかった。

それから今日まで、月に数回の研究会は細々と続けられている。研究会では次の二つの点が申し合わされていた。「毎回必ずプリントで提案しよう」ということと、「ほめることはできる限りよそう」ということであった。この二つの点があるために、研究会はつらくもあり楽しくもあった。何よりも勉強になった。

十年の間に、かなりの人がサークルに参加してきた。前記の二つの点がつらいらしく、来なくなった人もずいぶんといた。レポートがなくても誰一人せめる人はいなかったが、サークルの空気からきびしさを感じるらしかった。入りたい人を誰一人としてこばまなかったが、広めもしなかった。研究会は七、八名が限度であると思っていたからだった。

女性の先生は、結婚などで遠方に行ってしまうために、動きが激しかった。しかし、思い出に残る人も多くいた。片岡さんは、短大を出たばかりの若い先生だった。二年の間、研究会ではほとんど発言しなかった。それが三年目になってからの報告は、どれもこれもどっしりとしたすばらしい実践であった。藤平さんは、福生市に転居した。片道二時間近くかけてサークルに来ていたが、出産のため出席できなくなった。二年ぶりに合宿に参加した彼女が持ってきた理科の実践は、美しく製本された二冊の授業記録となっていた。初めの頃、授業記録を検討した林さんや高岡さん、がんばりやだった福井さん、みんないい教師だった。

「教師くさくなるのはいやだ」という人がずいぶんいる。「酒の席でまで教育の話はよそう」という人もずいぶんいる。しかし、ぼくたちは、いつも教育の話ばかりしている。それが楽しいからだ。ぼくたちは、教育の仕事を通して結ばれているからだった。「教師くさくなるのはいやだ」という人に限って、実践も貧しく心の広がりも少なく、話題も少なく、いかにもそれらしく見えるのが不思議だった。一つの仕事を、やってやってやりぬいていけば、どんな職業の人とも共通点が出てくるものであると思っていた。

ぼくたちが最も影響を受けたのは、かつての教育科学研究会の社会科部会の人たちだった。都の教研集会にその人たちが持ちよる実践の巨大さにいつも圧倒されていた。白井春男さんや、久津見宣子さんなど、どうしてあれほどの仕事をやり通していけるのかと思っていた。新卒のころ、白井さんや久津見さんとしゃべったことがあったが、自分の仕事に対するきびしさが、ぼくの心にいつまでも残った。それ以来お目にかかったことはないが、過日『教育ってなんだ』という本の中で、久津見さんの記事を見た。校庭で鉄をつくる授業であった。敬意を表していた先生が、今なおそれを上まわる仕事をされていることを知ってうれしかった。「久津見さんはプロだ、ぼくはセミプロだ」と自分に言い聞かせた。それは、実にすがすがしい敗北感であった。同じく教育の仕事に生きている人の中に、すばらしい人がいることを確認できた嬉しさであった。

教師の中に、こういう人たちがいるということで、ぼくたちはどれほど勇気付けられたか計り知れなかった。ぼくたちもまた、そういう仕事をしたいと思った。教育の仕事がうまくいかないとき、他のことをせめる前に、自分自身をいつもいつも問い詰めてきた。

教師はみな、自分の研究の場を持った方がよいと思う。学校の中のであれ、学校外のであれ、大きな研究団体であれ、ぼくたちみたいにささやかなのであれ、それは自分の教育を検証し、前進させ、時には支えてくれるものとなるからである。

## (2) サークルの仲間への手紙

研究会が終わったあと、ぼくが仲間たちへ出した手紙がある。以下に紹介する。

「教育課程は学校で編成する」というのであれば、ぼくは長い間基本をまちがえていた気もする。自分の手で学級経営案を、それも全面的であり今の力量で実践可能であるものを、全力をかけてつくらなければいけないのだと思った。そのために、学校教育は何であり、どのように構成されているかを調べ考えてみた。できる限り原典からということで、例の通り法律・条例・通達に至るまですべて目を通した。指導要領も、昭和二二年の試案を含めすべて読んだ。

そこで得たぼくの感想は、現場の教育とそのしくみは大体において〝あれほど悪評高い文部省の通達〟ほどもいってないということだった。

例えば、都教委は昭和三六年の通達で「卒業式は従来の形式にとらわれることなく子供に合わせて創意工夫をし、時間も一時間ぐらいで終わらせ、挨拶する人も二人ぐらいにした方がいい」と言っている。

大田区ではぼくたちが入ったころから行事の変革が行われ、ぼくたちもあれこれ発言し、「全員参加をさせない行事は小学校教育になじまない」と、大森第四小や志茂田小や他の学校で、一部分の子供しか出席できない水泳記録会への参加をとりやめたことがあり、そうした前代未聞の出来事が一つの力となって、行事の姿が区内で変わってきたことがあった。その時、どこの学校でも、頑迷な人々との論争があり、多くの場合ぼくたちはやみくもに突進し、法も秩序もわきまえぬ人間と思われたりしたこともあった。しかし、もしその時、先のような通達をぼくたちが知っていれば、「法も秩序も知らぬのはあなたなのです」と言ってあげられ、それだけ早く良い教育がされたと思うのだ。

子供の委員会活動も依然として当番みたいなことをさせている学校が多い。これなどすでに昭和三三年の指導要領の特活の項で、「自主的」な活動を重視させるようになり、それまであった「奉仕活動」の部分が削除されているにもかかわらず……だ。子供たちの自主性を育てることを目標としていながら、実は自主性をつぶしてしまう教育をしている所が多すぎるように思う。

いくつかの例を挙げたが、つまるところぼくたちは、現在の教育構造に通じ、それにせまり、そして越えていく教育の事実を創り出す必要がある。学級経営案の作成の途上で、ぼくは今まで見えなかった教育の世界が見えてきたように思えた。何というか、村山俊太郎の「尋六の学級経営」や、芦田恵之助の「指導案」が、身近に感じられ、「先生もこの道を通ったのですね」と本当にそんな気がしてきたのだ。

「先生もこの道を通られたのですね」と感じられたのは、いやらしいことだけども事実なのだ。ぼくたち教師の仲間には、そして先人たちには、子供のことを思い、世の行く末まで考えて、自分にむちうつことですぐれた仕事をしてきた人々がいる。あの第二次世界大戦の最中だって、多くの教師たちは飯も食えないという子供の現実をしっかりと見すえた教育をしていた。子供のことを思うそうした教育が、時流とはちがい、そのためにとらわれの身となることがあっても、何百、何千という教師は（それは日本全体から見たら少数だけど、しかし決して少ない数ではない）、子供と共にある道を選んだ。

そのように真剣に教育の世界に生きぬいた教師の、しかもその中でもすぐれた実践は、ぼくたちがかの人々と同じような仕事を一つ一つやりぬいていって初めて知ることができる境地だと思う。ぼくはそうした人々のやり残した仕事を、受けつがなくてはいけないと感じた。

例えばぼくの見た学級経営案の中で、最もすぐれていたのは村山俊太郎の「尋六の学級経営」だ。しかし、あれは戦前のものなのだ。戦後、もっと全面的で、本質的な学級経営案があってもよさそうなのだが、目にしてない。ぼくは五年ぶりぐらいで彼の学級経営案を読み返して、この改訂版は誰かが出さなければいけないと思ったのだ。

斎藤喜博氏が「私は一時間で跳び箱を全員跳ばせられる」と言った時、ぼくは衝撃を受けた。そして今、ぼくたちのサークルの人はみな、全員跳び箱を跳ばせられる。「斎藤先生、誰でもそうしたことはできました」と、言える。斎藤氏がえらくないと言っているのではない。彼は偉大で巨大だ。彼がいなかったら、今のぼくたちの仕事もずいぶんかわっていただろう。しかし、そうした人の仕事をぼくたちは受けつぎ、一歩も二歩も前進させなくてはいけないと思うのだ。

例えば、跳び箱なら三分でできると言えるが、一見同じようでいて、水泳は三日かかるし、鉄棒は三カ月かかる。技術を習得する難易ともに、筋力そのものの成長まで考慮しなければならないからだ。

ぼくたちは結局のところ、仕事でつながっているのだ。人間的なあれこれもあろうが、仕事こそ絆なのだと思う。十名足らずの小さいサークルだけど、真剣に教育に向かっていると思う仲間がいるからこそ、ぼくもいささかの報告を持って、いそいそと参加をする。

ぼくたちは何かの政治的目的や、教育的主張を広めようなどとは思っていないので、特別に宣伝したり広めたりしようとはしていない。それに、京浜サークルはなかなかきびしいらしく、仕事をしていないと居づらいらしいのだ。それはそれでいいと思う。別に高ぶってるわけではないが、仕事をしていないことをつらく思うのは、教育サークルである以上当然とも思う。

さて、いよいよ本題に入る。四月四日のまる一日を使った研究会と、四月十五日(土)の夜の七時をこえた研究会ででも、一人一人のレポートに十分時間をさけなかったので、感想を書いて送ろうと思ったのだ。

全体として、ぼくたちもこうした仕事をやれるようになったのだという感慨が深かった。河本先生(品川平塚小)でさえ、あのように仕事に厳格な人でさえ、ぼくたちの仕事におどろいていたのだから……。そういえば、今井先生（大一小）が「京浜サークルはきびしいのです」と言っていた。「何もこわいことは言わないでしょう」と言ったら、「そうなんだけど、仕事をしていないとじわじわ心が痛むのです」と言っていた。

衣笠さん（中萩中小）と解良さん（目黒八雲小）の仕事がことにすばらしいと思った。学級通信「ドラム」〈衣笠学級〉の発行ごくろうさん。昨夜「ドラム」を五十号まで読んだ。

子供の自主性のところの意見は賛成でない。子供の自主性を伸ばしてくださいと親に訴える善意は分かるにしても、学校における子供の自主性は、教師が育てるのだと思う。自主性が見られなければ、その欠点は衣笠さんの教育の中に存在しているのであり、それをさがし改めなくてはいけない。その点で「私は教育にしつこくなりました」と言っている所や、三五枚もの算数のプリントは注目すべき仕事だった。

「親の反応がまるでないんです」と言っていた、その保護者の方々が修了式の日、一人一人が画用紙に書いた手紙、はげましをとじて贈ってくれたということに、ぼくも心うたれた。熱心に、真剣に仕事に向かえば、やはりそこにはひびきあうものが生まれるのだと思う。

解良さんがクラス解散パーティで卒業生から贈られた全員の言葉を入れたテープも、すばらしいものだと思った。担任としての解良さんの姿が浮かんでくる。「はじめて勉強というものを知りました」「勉強の習慣などなかったぼくにそれができました」「よく勉強を教えてくれました」「わかるまで教えてくれました」「きびしい先生でした」「最高に楽しかったです」「私は先生の思いやり、やさしさが好きです。授業中ちょっぴりこわい先生も、また好きです」「テレビも見ないようになりました」。子供たちはよく見ている。

たとえ未熟さがあったとしても、こうした言葉をもらえる教師は、すばらしい教師なのだ。子供にとって価値ある教師なのだと思う。

解良さんの「学級経営案と子供の実態」はすばらしく、かつすごかった。転勤した学校の、初めての一年生で、しかも学級通信禁止などというひどい所で、よくがんばっていると思う。今どき学級通信が禁止なんてとても信じられない。

学級経営案が構造的なのもよかったが、五十項にのぼる「子供模様」が良かった。わずか一週間で、これほどの子供の姿を、初めての学校で見ることができるものかと思った。教師の目が、いきいきしているのだ。

①「このプリントを自分の後ろの人に配ってください」に山下さんは自分の列のうしろの人に一枚おいて、あとは「あまりました」ともってくる。

②「校庭のすみっこ、右はじを通って帰るのね」と言ったら、谷川さんと矢野さんは、言われた通りのことを四角四面にしていた。

③「せんせ、まんじゅういつくれるの」と金田君は、三日間言う。ロッカーにランドセル

を左側に入れて、「大きなおまんじゅうが入れるくらい、右をあけておいてください」

と私が言ったのに固執。

など、一人一人を実に温かく見ていると思う。

衣川さん(中萩中小)の学級経営案もよく考えぬかれていた。三年生になって、今までにみんなの前で何かをしたことがないという者が、二二名もいることは一つのおどろきだった。いわゆる優等生ばかりが陽の当たる場所にいたのだろう。M男君の指導はたいへんだけど、公教育とは、もともといろいろな課題をかかえこんで成り立っている。障害のある人が社会に存在するのであれば、当然学校にも存在するのだと思う。

生活指導主任会で、とある学校の先生が「重度の障害児が入ってきて、担任の負担になって困る。何とかならないだろうか」と発言したのに対し、ぼくは次のように言ったことがある。

「教育課程は、学校で編成することになっています。そのために地域、児童の実態を考慮しなさいとも言っています。児童の実態を考え、しかるのちに教育課程を考える。これが現行法体系のもとでの筋道です。障害のある子がいれば、そういう実態であれば、学校の教育課程を修正し、それでもむずかしい時は行政的な措置を「学級定数とか設備とか」要望していく。これが教師の本来の仕事であると思います。ところが、学校の教育課程が固定化して、惰性で教育がおこなわれ、教師の都合に児童の実態を合わせようとするから「困る」という発想が生まれるのではないでしょうか。

個人的に担任に負担がかかるのであれば、他の仕事を減らし、それでも大変な時は、抜本的な措置を講じてもらうようにしていくというふうに考えるべきだと思います。それがぼくたちの仕事であり、当然やるべき義務であり、「やってあげる」「同情する」「困る」などという個人的心情とは別ものだと考えます。」

前担任からの引き継ぎを読んでいて思ったのだが、なぜこのようにボケーッとした目でしか子供のことを見てないのだろう。人がらのよい人なのだとは思う。しかし、子供を見る目が素人なのだ。M男のような子供は、そうなるための原因が必ずあり、それが生育歴のどこにあるのか、教師の全力をかけてさがしてやり、しかるのちに方針を立ててやらねばならないのだ。彼のしゃべり方もかなり特異で、母親の言葉かけの不足という0歳時代からの原因があるのではないかと思えるし、しかも早いうちに手だてをしてやる必要があるのに、前担任は井戸端会議でのおしゃべり程度にしか、この子のことを見ていないのだ。

障害や欠点には必ず原因があり、それを見付け出し克服する道を示してやり、共に歩んであげる。これでこそ教師なのだと思う。

衣笠さんの経営案、図工の単元配列は面白いけど、思い付き程度の感じがする。思い付きは大切なことであり、教師はたくさんの思い付きができなければいけないが、教材にする時は、思い付きを越え、ガッシリとした骨組みをもったものにしなくてはいけないと思う。

国語の中で、読むことと話すことの内容が少ないように思えるのだが、他の教科の関連で考えているのだろうか？　そうそう、学級経営案は完成させること。それが一年間の見取り図なのだから……。

畑岸さん（横浜笹山小）の経営案は、まあすべてがこれから始まることだからという感じだ。二年目だといって甘えてはいけない。

それでも、この程度も（失礼！　本当のことで）見ていない人も多いのではないかと思う。特に注意すべきは三点ある。一つ目は、喘息の子に注目すること。医学のことは医者にまかせなくてはいけないが、担任として心得ておくぐらいの知識はもっていること。ハウス・ダストによるのか、煤煙によるのか、アレルゲンは他にあるのか、水泳は一般によいとされているが、この子にはどうなのか、精神的原因は考えられるのか、症状はどの程度で、転校・転居等をした方がいいのか？

二つ目は、小数・分数のつまずきが、かすかでもある子が六年生で二三名もいるということである。原因は二つ考えられる。一つは教科の指導がちゃんとしてなかったこと。もう一つは、規律正しい、最後までやり通す生活が足りないこと。俗に「ウッカリミス」というが、あれは実力なのだ。学校の生活か家庭の生活かで、浮わついた、きちんとしていない面があった時に出やすい。原因をつきとめて、直すのに一年はかかる。

三つ目は、係・当番などの子供の自治組織を、構造的にとらえておくこと。こうした動き・組織が平板だと、子供はきたえられず、伸びない。

石黒君(矢口東小五年)のは、さすがにととのっているが、もっとつっこんでみていいのではないか。ばかばかしいと思える点までも考えて、整理してみる。そのことは、一人一人の子をどうするか思いめぐらしたり、教室の一つ一つを見ていったりすれば考え付いてくることだと思う。さらに石黒君の場合は、学校経営の目をもって、学級のことに当たっていくべきだ。お互いに、そういう年になってしまっているのだから。

松本君(志茂田小三年)は四月四日の経営案の素案しか見ていないから何とも言えないが、かなり重度の自閉症の子を学年としてどうするかが根幹と思う。学年経営の方針が弱い気がする。仕事の分担、授業の交換、合同の集会、スポーツ大会、そうしたことをすべて考えて、つまり学年経営をどうするかという、全面的なつっこんだ方針をきちんとすることが、まず第一に必要であって、それでこそ「その子をどうする」ではなく、「その子を含めた学年の教育をどうする」と考えることができ、「その子がいてもいい」から「その子がいた方がよかった」という教育の事実をさがせるのだと思う。

前担任の教育にもよさは必ずあるのであり、基本的な否定が全面的否定にならないように考えることも大切である。何か一つでも二つでも、よくなった点を見付け、謙虚に学び、今後の方針を立てることが必要と思う。二年間の前担任の教育は何もないことと同じではない。「よさ・わるさ」が必ずあり、それを見付ける鋭い目をもたなくてはいけないのだ。

河本さん(品川平塚小音楽)の音楽経営案・専科経営は、どちらも原則的でしっかりしていると思った。原則的というのは、年間の時数、音楽的教具、行事の中の音楽の指導の面まできちっと考えていることだ。

音楽学習の計画立案のための子供調査も、とってもしっかりしている。ぼくは、かつてこの先生に〝年間時数の厳しさ〟を学んだのだが、さすがだと思った。ただ、当時は同じ学校にいて、正直いって厳格で冷たくていじわるな先生だと思っていた。

しかし、いつの頃からか、河本先生が一人一人の子供に目を向け、授業の方法を改善し、毎時間の授業の感想への返事を全員に書くという(九学級分デスゾ。ソレモイッモ)ことのあたりから、何か変わり始めたみたいだった。変わった最大のものは、子供が音楽が好きになったことだと思う。普通、高学年になれば、特に男子は音楽が嫌いになる傾向があるといわれる。しかし、うちのクラスは、河本先生の音楽の授業を一人残らず好きであったというおどろくべき数値が出ている。

それは、あくまでも一人一人の子供をはげます温かさ、半音ちがっても見付けてあげられる聴覚のすばらしさ、それをステップふんで教えてあげられる技量の高さ、イメージとしてとらえさせる（私たちは河本先生のお話で次々と別の世界へ連れていかれましたと子供が言うほど）芸の本質を突いたきたえ、そしてカード、テープ、カセット、グループを配置した完璧な自学システム、こうしたことの総和であるにちがいない。そしてまた四十歳をすぎてから我がサークルにおいでになるという心構えの結果でもあると思う。改めて敬意を表します。

中萩中小の委員会活動の提案、いいと思う。ただし、こういうのは、年度末の教育課程の編成の時にできていなければいけないのだと思う。そうでなければ、それは学校ではないのだ。

さしあたって、どのような仕事の分担であれ自分の持ち場の仕事に全力を尽くし、一歩でも半歩でも前進させること、その半歩のためには想像する百倍もの労力が必要だがやりぬくこと。そんな半歩を、二つ三つと経験した時に、ぼくたちの仕事は、確かなものになっていくのだ。

学級通信を三百号出した、プリントを百枚つくったというような仕事も、ぼくたちはしてきたが、そのために見落とした仕事もあるはずだ。一つ一つの仕事に全力を尽くすとともに、そのことに自己満足するのはよそう。

以上、思いのほか言いたいことを書いてしまった。無礼はお許しあれ。

# 〈付録〉六年一組学級経営案（昭和五三年）

東京都大田区立調布大塚小学校　向山洋一

## 1　小学校教育の基本

(1)　人間は、わずかな例を除けば、そのほとんどの時期を集団の中で（社会の中で）生きていく。そこで生きていくために必要な手立てを、態度や知識や技能や身体を、教え育てていくのが教育であると考える。

(2)　生きていく集団（社会）が異なり、生きていく方向がちがえば当然教育の相はちがいをもつ。社会的・一般的要請としての教育内容と個人的・特殊的要請としての教育内容が内在して学校教育およびその他の教育は行われる。

時間的・空間的・個別的なちがいの上に教育が組織されるべきであるというこの考えは、政治的・文化的な生活の民主的成熟の一つとしてかちとられたものであり、教育を組織する上での揺るぎない原点となっている。

(3) 人が生きゆくに必要な手だてを教える場は、今日では多数存在する。手だての内容を全面的に扱う所もあり、部分的に扱う所もある。前者の代表としては、いわゆる学校教育があり、後者の例としては、各種の塾、各種学校、訓練所などがある。

(4) これら無数にある教育機関の中で、いわゆる学校教育は、他と区別されるべき明確な特徴を持っている。それは、被教育者を丸ごと見ているという点である。

教科指導は、いうまでもなく学校教育の基本的指導項目である。しかし、学校教育においては、教科指導に止まることなく、社会生活・集団生活をしていく上でのルール、行動様式、生命保全の訓練、歯のみがき方から時には手の洗い方、トイレの使い方まで教える。

一人の子供が、やがて生きてゆくに必要なすべての面にわたる教育をする。これが、他のいかなる教育的組織ともちがう、学校教育の特徴である。

(5) 他の教育的組織は、どのようなものであれ、ある部分の教育しか受けもたない。

学習塾、習字、ソロバン塾、ピアノ・ダンスの塾、野球チーム、子供会、少年・少女団、スイミングスクール、これらはみな、ある限定された教育活動を行っているのである。

(6) したがって、学校教育はすべての子の、すべての面にわたる教育をするという全面性に貫かれている。どれほどすぐれた塾の教育も、決して学校教育の代用にはなりえない。

「顔を洗う。歯をみがく。持ち物に名前を付ける。近所の人に挨拶をする」こうした日常生活の行動様式は、普通は家庭で教えられる。人間として生きていく上で大切な習慣である。

こうしたことを家庭教育できちんとしていれば、学校教育ではとりたてて教えなくてもよいこととなり、他の教育活動にその時間をまわすことができる。しかし、こうしたことができていないと、学校教育で取り上げざるをえなくなる。それは、やらないですむことではなく、放置してよいことではない。学校教育は、時として家庭教育の補完をしなければならない。

(7)「学校では勉強を、家庭では躾を」ということが言われる。これは学校での教科指導がなおざりにされ、あれこれの管理的躾ばかりが重視されている風潮や、家で教えるべき点をなおざりにし、あれこれの塾に通わせている風潮に対する、原則面からの批判であった。学校はまず本来の任務たる教科指導に全力をあげよう。家庭では塾へ行かせることよりもまず、基本的生活習慣を身に付けさせようというものであった。それはまた、教師は自らの仕事に正面から取り組もうということも含んでいた。

その意味では、原則的な、積極的な問題提起であった。

(8) しかし、往々にしてこのことを機械的に分離する向きも見られるが、それは正しくない。その子の生きていく上で必要な手だてを教育するのが学校教育だからである。生きていくに必要な手だてを教えるということは、一人人間だけに止まらず他の動物でも見られることである。

人間の教育が他の動物とちがうのは、それを社会的・組織的に行っていることである。それは人間社会が多様で複雑で、親の手に余るからである。人間社会が単純で原始的な時代は、当然のことながら学校教育を必要としなかった。多様化・専門化・分業化するにつれて必要度を増していったのである。

(9) 人間が人間として人間社会の中で、現在および将来にわたって生きていくに必要な手だてを、態度や技能や知識や身体を、育て教えていくのが学校教育であり、小学校はその中で最も初歩的基本的内容を受け持つのである。

(10) したがって、小学校の教育は次のようでなければならない。
それは生きゆく力を育てるものでなければならない。
それはあらゆる分野を含まなければならない。
それは成長の始発点を受け持つものでなければならない。
それは人間社会(集団)の中で育てられなければならない。
それは一人一人のちがいがふまえられていなければならない。
それは態度・技能・知識を教え育てるものでなければならない。
それは計画的に系統的に連続的に育てられなければならない。

(11) つまり、それは、生命力の教育を根本としたものであって、全面性・基本性・集団性・個別性・文化性・科学性・系統性・計画性・連続性の諸原則をふまえたものでなければならない。

(12) さらにそれは、対象である子供の、時間的・空間的・家庭的存在の諸条件と、子供の生育歴等の結果としての諸能力のちがいと、教育環境の諸条件とを具体的にふまえたものでなければならない。諸条件がちがえば、当然のことながら教育の相はちがいをもってくる。

(13) 子供がちがい、教師がちがい、地域がちがえば当然教育の相はちがってくる。しかし、それはどれも、生きいくに必要な手だてを教えるという点では同じであると言える。

(14) 学校教育は、山へ登るにそれぞれのルートからアプローチしていくのと似ている。いくつもの道があって、しかるべきなのである。この学級経営案もまた、そうしたルートの一つなのである。

## 2 教育目標

教育内容は、教育目標という形で全体的・集約的に示される。具体的な教育活動のあれこれは、すべてこの教育目標を達成するためのものである。

具体的な教育活動が始まる前に、この教育目標が吟味されていなければならないと考える。以下に、六の一学級教育目標を規定する上での、各レベルの教育目標の吟味を行い、それをふまえた上で、後述の「3児童と環境の実態と分析」に沿って六の一の学級教育目標を展開する。

一 教育基本法(以下旧教基法(昭和二二年))における教育の目的

> 教育は、人格の完成をめざし、平和的な国家及び社会の形成者として、真理と正義を愛し、個人の価値をたっとび、勤労と責任を重んじ、自主的精神に充ちた心身ともに健康な国民の育成

を期して行われなければならない。　（教基法第一条）

教基法では教育の目的を右のように示している。そして学校教育法（平成一九年改正前規定）で、教育の目標を八項目に分けて述べている。

目的と目標を使い分けているのだが、ぼくは、目的を最終的な意志的なめあてととらえ、目標をそのための具体的な道標ととらえる。このように大雑把に捉えた方が、目的・目標という用語のちがいがはっきりすると思える。

さて、この教基法第一条の文は、すこぶる文脈のはっきりしない、かなりの悪文ではないかと思う。分かりやすくするために、文を二つに分ける。

(ア)　教育は、人格の完成をめざし、平和的な国家及び社会の形成者としての国民の育成を期して行われなければならない。

(イ)　平和的な国家及び社会の形成者とは、真理と正義を愛し、個人の価値をたっとび、勤労と責任を重んじ、自主的精神に充ちた心身ともに健康な国民のことである。

このように理解してさしつかえないと思う。原文が分かりにくいのは、関係代名詞を駆使した英文の翻訳みたいな文だからである。

「人格の完成をめざし」というのは、「人格の完成をめざすとともに」であると考える。内容は一応切れるのである。したがって、この文は、教育の個人的目的と社会的目的の両方が述べられていると理解する。

ただし、かなり無理な解釈であるが「人格の完成をめざし、真理と正義を愛し」というように、全体が「健康な国民」にかかっていくと受けとれないこともない。

「社会の形成者」は「国民」とほぼ同義語であると理解する、つまりこの文は「形成者としての内容である」という意味で、以下にその具体的内面を述べているのだと思う。

ただし、「社会の形成者として」が、「現在も（現時点でも）形成者であるところの子供として」と受けとれないこともない。その場合は「社会の形成者」とは子供のことをさし、「国民」が「社会の形成者でもあるところの子供」の未来の姿をあらわしていることになる。

「期して」という言葉は、「めざす」とほぼ同義であり、「期待して」の意味であると理解する。

ただし、「期して」が、「決心して」と受けとれないこともない。教育する側の覚悟のほどを言っているという意味にである。しかし、その場合は、「行われなければならない」という表現から、受身の「れ」をのぞいて、「行わなければならない」とした方が、文としてはすっきりすると思える。

さて、右記のごとき検討の上に、内容を吟味してみる。

(ア) 教育は、人格の完成をめざす。

(イ) 教育は、心身ともに健康な国民の育成を期す。

この個人的・社会的な二つの目的に賛成である。特に国民＝社会の形成者という内容として、平和的な国家及び社会と限定しているところは、憲法の精神の一つの具体的表現としてもうなずける。

さらに「真理と正義を愛し、個人の価値をたっとび、勤労と責任を重んじ、自主的精神に充ちた」についても賛成である。大切なことをほぼ言い尽くしていると思う。

ただし、科学的な内容を理解したり、応用したりする文化的な能力、集団・社会的存在であることの大切さなどがぬけており、不足している面もあるように思える。

## 二 学校教育法・学習指導要領における目標

学校教育法における小学校教育の目標（第十八条）は、八つの項（改正前の学教法）から成り立っている。教育課程の編成内容のそれぞれの目標となっている。

この目標はきわめて顕著な特徴を持っている。つまり、各教科の基本は、日常生活に内在していると考えているらしいことである。「日常生活をしていく上に必要である」ということと、「各教科の基本は日常生活にある」ということが、結びつけた形で述べられていることである。

例えば算数に対応した目標である第五項目は、「日常生活に必要な数量的関係を正しく理解し、処理する能力を養うこと」となっている。これですべてである。このため、次のような解釈が生まれた。

1　算数は日常生活のためにある。

2　算数のカリキュラムは日常生活にそってつくる。

目標としての1と、教科編成基準としての2は、区別して考えなければならない。しかし、社会科の同心円的拡大による編成および、かつてのコアカリキュラム等も、この1・2を結び付けたところからうまれた。

それらは、科学・学問の体系からはずれ、無方向的なはい回る学習をうみ、低学力をもたらし、六〇年を前後して各方面からの批判をあびた。

目標と教科編成原理とを区別してとらえることが大切と思う。

▼「学校教育法」「四三年指導要領」「五二年指導要領」の対比と覚書き

〈一項　道徳〉目標の書き方、文体が、他の教科と著しくちがう。

四三指導要領は、各教科間の調整が十分でなく、粗雑さが目立つが、五二指導要領はかなり統一されている。道徳のみが四三要領と変化なく独自の表現をしている。

予想とちがい、この項がいちばん教基法・学校教育法に忠実である。内容もおおむね肯定できる。

これに比べると道徳の副読本は数等落ちる。授業はもっと落ちる。指導要領の個別の目標はおおむね肯定できる。

「民主的な社会及び国家」とあるが、「平和的・民主的な社会及び国家」ではないのか？　平和的という語句を意識的に削ったとも考えられる。

〈一項　特活〉道徳の目標と比べると格調が低い。全体として集団生活の望ましいあり方に重点がおか

れているが、個性の伸長にかかわることがもっと述べられてよい、

五二要領の「集団の一員としての自覚を深め」と、学校教育法の「人間相互の関係について、正しい理解と協同、自主及び自律の精神」は、一見同じようでありながら、前者の方が、管理的・躾的内容をニュアンスとして含んでいるように思える。

〈二項　社会〉学校教育法におけるねらいは、「国際協調の精神を養う」ことである。憲法の平和主義の具体化である。国家については「正しく理解し」とあり、あくまで学問的である。

しかし、五二要領では「理解と愛情を育て」とあり、心情に変化する。つまり「理解」の内容が「愛情を育てるもの」に限定されるのだ。学問的には、明らかに後退している。

インターナショナリズムから、ナショナリズムへの転換である。四三要領では「成員」とあったのが、五二要領では「形成者」へ変わり、「民主的国家」から「民主的・平和的国家」へ変わっている。

教基法の表現に統一したのであろう。

〈三項　家庭科〉五二要領も四三要領も文がごてごてしている。他の教科と比べても煩雑である。表現はちがうが、同じことをゴテゴテと言っているにすぎない。

「家庭生活をよりよくする」とまとめられているのはなぜか。一項の「人間相互の関係」を受けてのことか？　教科という、学問的内容となりえていないように思う。

〈四項　国語〉四三要領にあった「生活に必要な」が、五二要領ではぬけている。五二要領では言語能力の獲得に重点をおいている。

この方向は賛成できる。言語に対して、もっときちんとした教育が必要であるからだ。

文学者等の批判もそれなりに入れているのだろう。原文・原作が多く登場するようになるだろう。目標の表現もすっきりしている。

〈五項　算数〉この目標は実にすっきりしており、原則をきちんとおさえている。名文である。

四三要領の「日常の事象を」という教科編成基準を、五二要領では「数量や図形について」という表現にかえている。学問的であり、正しいことと思う。数学者たちの批判などを入れているのだろう。

さらに「日常生活」については、「日常の事象を数理的にとらえ」というように、編成基準としてではなく目標として位置付ける。こうすることによって、教育基本法等の精神も生かしている。学問的立場と教基法等の目標をともにふまえて、簡潔に表現されている。

〈六項　理科〉学校教育法「科学的に観察して、処理する能力」、四三指導要領の「科学的な能力と態度」から比べると、五二要領では「科学的」がぬけている。「観察・実験などを通して」がそれに当たるが、これは実に大きなちがいである。理念としての「科学的」と、その一手段・操作としての「観察・実験」は、同レベルで論じられるものではない。教育としては、後退していると思う。

しかも五二要領では「自然を愛する豊かな心を育てる」ことに全体が集約されている。多分、科学万能あるいは自然破壊への反省の反映であろう。「自然を愛する心なくして、科学はあり得ない」ということであろう。

それはそれとして一理ある。しかし、教科の目標が心情の育成に集約されて[illegible]はない。「科

学的な態度を育てることによって、自然を愛する心を育てる」ということが、教科としての理科の任務と思う。あくまで学問的であることが教科教育の生命である。

〈七項　体育〉学校教育法の表現は「養い」ではなく「養うとともに」とすべきだろう。心身の調和的発達の方法が、健康で安全な生活によってと限定されてしまう。むろんこの場合の「健康で」という中には「静的」なもののみではなく、運動をすることも含まれていると解すべきだろう。

四三要領も五二要領も基本的に同じである。文をいじくりまわしたにすぎない。五二要領で「楽しく明るい生活を営む」という文があるのは、「楽しくない学校生活」への一定の反省を含んでいると思える。「運動に親しませる」などと、わざわざ強調しているのも理由があると思える。

〈八項　音楽〉四三指導要領はひどい。「豊かな創造性を養う」ことが小学校音楽の中心目標であるはずがない。音楽家を育てるわけではないのだから……。その点では五二要領が「音楽を愛好する心情を育て」としているのは、当然のことながら賛成できる。

〈八項　図工〉四三要領の「技術」「造形能力」をのばし、生活に生かすという点から、「表現の喜びを味わわせ」となっている点も賛成できる。

実用主義、その内容としての技術主義から、表現そのものの喜びを味わわせるという転換は、よいと思う。芸術そのものの役割へ一歩近づいたと見ることができる。

なお、四三要領では、音楽と図工の内容が、同じ八項めを受けながらひどくちぐはぐであった。音楽では「創造性を養う」、図工では「生活に生かす態度を養う」というように……。

それが、五二要領では、きちんと統一され、文章表現も練られている。音楽は「表現及び鑑賞の活動を通して」→「音楽を愛する心情を育て」、図工は「表現の喜びを味わわせ」→「豊かな情操を養う」というようにである。

三　調布大塚小学校の教育目標

学校の教育目標は左記の五項目であり、内容的には十項目から成り立っている。十項目から成り立っているため、かなり多面的である。しかし、いくつかの点で吟味しなくてはならない。

(1) 情操豊かで　明るいこども
(2) 自主性をもち　実践力のあるこども
(3) 勤労を愛し　責任感の強いこども
(4) よく協力し　よい社会生活のできるこども
(5) 健康で安全な生活のできるこども

いうまでもなく教育目標とは、その段階での教育の基本的道標である。それは学校で決めるものであり、教師が決めるものである。

それは、第一に教師にとって必要なものである。
(1)の項目は次のように二通りに読める。
(ア) 情操豊かで明るいこどもを育てよう。
(イ) 情操豊かで明るいこどもになろう。
(ア)は教師にとってのねらいであり、(イ)はこどもにとっての心がまえ、めあてである。学校の教育目標の性格からいって、(ア)のように表現すべきだと思う。それをこどもたちに示す時に、述語をとるなどの配慮はあってしかるべきであるが、両者を区別しないと、教育目標に対するあいまいさが生じるもととなる。

さらに、本校の教育目標は、目標というより目的的である。つまり、教基法の文に近い。学校教育法の目標をとびこえてしまっている。しかも、教基法で強調されている「真理と正義を愛し」と「個人の価値をたっとび」がぬけ落ちている。これらは、学問研究・平和主義・基本的人権などの憲法の基本精神、学問の精神と深くかかわっていることである。

これらの項目がぬけているために、目標が目標としての内容を減じ、全体的に見て校訓のような姿になっている。そのため日常の教育計画と離れたような存在になってしまうのである。

これは調布大塚小のみならず、多くの学校に見られる現象である。

目的・目標・校訓の区別をはっきりとさせ、調布大塚小としての真の意味での教育目標を定めることが必要と思う。

その際、学校の中心的任務である、学問・文化・芸術・スポーツの学習について、必ずふれなければならないと考える。

重点目標としては、次の点が掲げられている。

「すすんでやるこども」を育てる。
―特に「強い意志と実践する力」の育成に重点を置く―

本来、重点目標とは、学校の教育目標の重点化という点でとらえるべきであろう。そうであるならばこれは、学校の教育目標のうちの「自主性をもち実践力のあるこども」という文を受けた方が一貫している。

そうでない点に、いくつかの特質が見いだせる。

「すすんでやるこどもを育てる」とは、学校の教育目標の分析による下降的な形での決定ではなく、子供の実態からの決定であるという点である。したがってそれは、学校の教育目標との論理的一貫性には乏しいが、しかし本校の子供の実態をそれなりに反映していると言うことができる。

本校児童は「自分に関係ないことはしない」「言われたことだけを部分的にやって済ます」という傾向がある。「窓を開けてください」と窓を指さすと、指した窓だけ開けて済ませているとか、何人かの子の集団に向かって「チョークを持ってきてください」と言っても誰も動かないが、「○○さん持ってきてください」と固有名詞を使うと素直に持ってきたりする。

さらに「途中であきらめてしまう」傾向もある。

安定的で、素直であるが、積極性・追求性に乏しい。山の手の住宅地の子供の特徴と思える。

その点で、この重点目標は実態に即した適切なものである。ただし、「すすんでやる」だけでは不十分で、「すすんでやりきる」「すすんでやり、最後までやる」というように考える必要がある。

この目標の達成のために、ぼくは次の四点に留意しようと思う。

第一は、子供が自らやるような、時間・場所・方法に留意し保証することである。

第二に、子供がやろうとすることの、何十倍もの豊かな内容を計画したり、創造したりできる力を付けようということである。

第三に、そうした場面を、とりわけ授業の中で創り、子供の一人一人の思考・行動が生かされるように配慮することである。

第四に、以上のような教育は、ある意味で手間暇がかかり、時間がかかるものであるから、せっかちにしないようにしようということである。ゆっくりと、しかし確実な、根をはった前進を心がけようということである。

さて本校では、そうした教育目標達成のための指導の重点として、領域等別に次の四項目を掲げている。

### (1) 各教科

「わかる」「できる」を保障する授業を通して、問題意識をもち、ねばり強くそれを解決していく意志を育てる。

(2) 道徳
道徳的判断力を高め、実践していく強い意志力を育てる。

(3) 特別活動
生活の中から問題を見付け、それを集団で解決したり、自分たちの生活を集団で豊かにしたりしていこうとする自主性をもった実践力ある子供を育てる。

(4) 生活指導
一人一人が目標をもって生活する指導を通して、進んで実践する態度を育てる。

これらの指導の重点は、よく考えられていて、実態をふまえており、しかも深い教育的配慮・実践のもとに決められている。

『わかる』『できる』を保障する授業」は、教師が教育の現代的課題と本質的課題に応えようとした決意の表れである。大変ではあるが、しかしこれこそが教師の最も大切な仕事なのである。よく言われるように「わかる授業」のみではなく、「わかる、できる授業」としたところに芸術・技能を含めた各教科への対応が示されている。「目標をもって生活する指導」という生活指導の目標にも、従来の躾のみに終始したような形での生活指導のわくをぬけ、個性の伸長、集団生活でのルールへの内発的対応を伸ばそうとする決意・方法が示されている。

「自分たちの生活を豊かにする」という特活の目標にも、単なる作業・奉仕活動の面をこえた、子供たちの生活・文化の創造への指向が示されている。

道徳の目標における「人間尊重の精神」、特活における「個性の伸長」という面でのとらえ方の不十分さもあるが、しかし、全体としての精神はそうしたことも含んでおり、かつ具体的な方針の中にはそうした面も示されている。

指導の重点としての、各領域等の指導上の基本的な方法・内容をかなり明確にしていると考える。これらの諸点をとらえて、学級経営の方向をとらえていこうと思う。さらに具体的にしていくのは、学級担任の仕事だからである。

四　学級目標

前述の各レベルの目標と、後述の児童の実態から、学級目標を次のように決定する。

① 健康な子を育てる。
② 知性に満ちた子を育てる。
③ 人間を大切にする子を育てる。

健康な子を育てるために、運動技能を身に付けさせることを通して体力・筋力をきたえ、病気を予防し克服させ、安全に生活する習慣を身に付けさせていく。

知性に満ちた子を育てるために、自学する習慣を身に付けさせ、真理を追究する喜びと、科学的に考える態度を育て、基本的な知識を身に付けさせていく。

人間を大切にする子を育てるために、人間の可能性がいかに大きいかを具現化させる事実を通して教え、自分と共に仲間を大切にし、尊大にならず卑下もせず、前進的に努力し行動する態度を育てていく。

前掲の目標を達成するための心構えとして、次のことを級訓としてかかげる。

① 努力の持続

② 誤りなき恐れではなく、恐れなき誤りを！

〈教室はまちがえる子のためにこそある〉

③ 一人はみんなのために、みんなは一人のために

④ 一匹狼のたくましさと、野武士の如き集団を！

これらの言葉は、それぞれに学級内での出来事等と深いかかわりをもっている。

①は、読売巨人軍の王選手が、ホームランの世界新記録を達成した時、手紙を出して王選手からクラスの子供あての色紙をいただいた時の言葉であり、その色紙は教室前面にかかげられている。「調布大

塚小五年一組へ」「六年一組へ」と、あて名の入ったこの二枚の色紙は子供たちの心の宝でもある（一六六ページ）。

②は、担任をした時に、ぼくが述べた言葉である。ぼくは、教室は学問をする場でありたいと思っているし、子供を伸ばす場でありたいと願っている。そのための障害の一つが、恥ずかしさであると考えている。まちがいの中から真理へ近づいていく態度を育てたいと思っている。なおこの言葉は、ぼくの第一回の卒業生が国語の授業の中で考えたものである。

③は、竹山善明が五年生で転校していく時、母親からのクラスあての手紙に書かれていたものであり、多くの子供、親の共感をよんだ言葉である。かつて、前任校でこの言葉を学年目標にしていたことがある。乱暴をしていた子による混乱があったこの子たちにとって、こうした人間関係は大きな願いであった。

④は、今までの卒業生にもぼくが与えてきた言葉である。六年後半に与えてきた。ぼくの教え子が入れ替わり立ち替わり授業参観にやってきて、歴代の教え子を身近に知っている子供には、共通の教えのもとに育ったということを実感させる言葉でもある。一人一人を人間として強く成長させ、お互いの個性がぶつかりあい、前進できる集団という意味である。

前述の学級目標を達成するために、教育計画を作成し、次のような教育活動を行う。

① 体育の授業・行事・遊び時間等を通して運動量が多くなる具体的手だてをとる。
② いくつかの運動技術を習得させ技能を高める。

③　健康診断の結果、治療を必要とするものは早期に治療させる（昨年度の虫歯完治は一〇月二一日であった）。
④　体育・学級指導・家庭科等の時間に、生命保持のための話をする。
⑤　交通事故・災害について安全のために必要な知識を与え、訓練をする。
⑥　ＴＶを見る時間をへらさせ、二時間以上自学する習慣を付けさせる。
⑦　毎日、日記を書かせ、一つのテーマをきちんと表現できるようにさせる。
⑧　基本的な知識・技能を身に付けさせる。そのために、授業内容が真理に貫かれ、系統的・発展的であるようにする。
⑨　美術・音楽・文学・演劇などの芸術性の高い内容にふれさせ、表現する喜びを味わわせる。
⑩　人は人々の中で育ちゆくことを知らせる。
⑪　みんなで何かをやり、創りあげる喜びの場をつくる。
⑫　学級文化の創造に努める。
⑬　未来に対する夢とあこがれをもたせ、現実との溝を埋めていく態度をつちかう。
⑭　多数決原理を教えるとともに、それは学問にはなじまないことを体得させる。
⑮　差別を見抜く力と克服しようとする力を育てる。
⑯　すべての子供に基礎的学力を保障する。

すべての子供に保障する基礎的学力として、次の項目を掲げる。

これには生きていくために最も必要であると思える体力・読み・書き・算を中心にする。

① 平仮名・片仮名で正確に文が書ける。
② 教科書を朗読できる。
③ 一〇〇〇字程度の漢字の読み書きができる。
④ 自分の意志を言葉で伝えられる。(A　日常会話ができる。B　自己主張ができる)
⑤ 読み方や意味の分からない言葉を辞書で調べられる。
⑥ 本を月に一冊ぐらい読む。
⑦ 自分の意思を文で伝えられる。(A　文が書ける。B　助詞が正確である。C　文体が統一されている。D　主題が一貫している)
⑧ 詩・文を三〇暗唱できる。
⑨ 百人一首のほとんどを言える。
⑩ 整数の四則計算ができる。
⑪ 小数の加減算とかんたんな乗除算ができる。
⑫ 分数の乗除算とかんたんな加減算ができる。
⑬ 次の用語・記号を理解している。

一の位　十の位　直線　直角　整数　0（れい）　数直線　小数点　$\frac{1}{10}$の位　分子　分母
秒　分　時間　時刻　等号　不等号　和　差　積　商　＋　－　×　÷　＝　：（比）　平行
垂直　平面　曲面　対角線　角　約分　通分　公約数　公倍数　合同　おうぎ形　正方形
長方形　平行四辺形　台形　円　直角三角形　二等辺三角形　％　逆数　円柱　角柱　球
対称の軸　対称の中心　辺　頂点　比の値　以上　以下　未満　g　kg　mm　cm　m
km　ℓ　dℓ　$cm^2$　$cm^3$　割　分

⑭　二五メートルが泳げる。
⑮　曲にあわせて行進ができる。
⑯　両足跳び、片足跳び、うさぎ跳びができる。
⑰　開脚跳び、閉脚跳び、台上前回り、跳び込み前転ができる。（跳び箱）
⑱　前回り、後ろ回り、開脚前回り、開脚後ろ回りができる。（マット）
⑲　けんすいができる。
⑳　立位体前屈が五センチメートルをこえる。
㉑　二重回しが連続三〇回をこえる。
㉒　ラジオ体操が正確にできる。

以上の基礎学力の限定のしかたは、客観性に乏しい面もあるかもしれないが、あらゆる要素からぼくがそれなりに考え出したものである。したがって、一つ一つの項目にはそれなりの背景をもっている。

これを百パーセント保証していくことは、かなり大変なことであると思う。全部やれるとは、正直いって言いきれない。

例えば、開脚跳びなら、十分間もあれば全員を跳ばすことはできる。しかし、けんすい一回をさせるには、六カ月かかってもむずかしい。前者は技術だけであり、教師に教える腕があればできるが、後者は子供の背筋力の強化という、筋力そのものの成長を待たねばならないからである。技術の習得と技能の習得ではちがう面がある。

虫歯を完治させるのに、昨年は四月の健康診断から始めて何と十月二一日までかかった。それも、虫歯のあれこれを言って聞かせ、学級通信にも何度かのせ、直接手紙を書いたりした上でである。

自学の習慣への取り組みも、大変であった。自分の力はつまり、自分で伸ばしていかなくてはならないことを、事あるごとに話し、長時間のテレビ視聴の有害性を示したり、自学用のプリントを準備したり、勉強のおもしろさをそれなりに味わわせたりして、少しずつできてきたのである。

前の教え子全員に二五メートルを泳がせ得たのは、九月のプール納めの日であった。読み・書き・算も、当然ながらそれ相当の配慮が必要であった。

今までも続けてきたそれらのことを完全に、というのが今の目標である。

それは当然ながら、自分の力の弱さを克服しながらの道でもある。ラジオ体操一つとってさえ、それを正確に教えられる教師は十人に一人もいないのではないかと思えてならない。背伸びの運動と深呼吸が（始めと終わりが）同じであったり、足をトンとつくのが（二番目）ベタッとなっていたり、胸を反らすのが腹を反らすようになっていたり、しかも一・二と三・四の腕の振り上げが同じであったり、手足の運動は指先が体すれすれになるくらいにひねったり、また単に肩に手をやるだけだったり、腕をふるのが小さくて体操になってなかったり、ジャンプがリズムとバラバラだったり……。

一つ一つを正確に教えられる腕を、きたえていきたい。

## 3　児童と環境の実態と分析

一　保護者

父が保護者……………32人　母が保護者……………1人

養父が保護者…………1人　父か母がいない者…2人

二　保護者の職業

商業…………4人　会社員………17人　公務員………1人

医師…………2人　教師…………2人　建設業………4人

サービス業…3人　その他………1人

三　準要保護家庭　　0人

四　区域外通学　　0人

五　転校予定　１人（七月に韓国へ。商社勤務）

六　進学希望　男８人　女６人

〈慶応・麻布・学大附・教駒・早実・桜美林・女学館・青山学院・女子学院・調布・和光等〉

七　通塾

進学教室……５人　学習塾……４人　家庭教師……７人
ピアノ等……９人　ソロバン……４人　習字……７人
水泳……３人　英語……６人　剣道……２人
少年野球……13人　教会日曜学校…３人　バレー……１人
天文……１人

八　自宅の鍵を預けられている子　２人

田園調布・雪谷大塚等が居住地であり、中産階層が多い。進学希望者が多いのもそうした反映である。学習塾通塾者が４人であり、少年野球チームに入って定期的練習をつんでいるのが13人もいるのが注目される。

習いごともバラエティーに富んでいる。

健　康

一　虫歯　７人（昨年一〇月二一日に完治）

二　近視　10人（眼鏡6人）
三　鼻炎　2人
四　肥満　5人（5人とも肥満傾向の程度）
五　偏食　1人（野菜、少しは食べる）
六　歯をみがかない者　2人
七　朝食がたまにぬける者　2人
八　けんすいが一回もできない者　9人（五年の初め16人）

近視が多いのとけんすいが一回もできない者が多いのが気にかかる。運動量が少なかったのではないかと思われる。

鼻炎が少ない。中原街道・環状八号線道路が通っているのであるが、地域全体に緑が多いためだろう。

発作時の手当てを心すること。

知的状況

一　家で机に向かう時間（読書・日記を含む）……平均三〜四時間

〇〜〇・五時間…０人　一時間……………１人　一・五時間…………０人

二時間…………３人　二・五時間………４人　三時間…………９人

三・五時間……５人　四時間……………０人　四・五時間………７人

五時間…………５人

二　テレビ視聴時間……平均一・二時間

〇時間…………２人　〇・五時間…６人　一時間……９人

一・五時間…16人　二時間…………１人

三　日記の提出

毎日書いている者　26人

時々ぬける者　７人

時々書く者　１人

四　二年以上継続している趣味のある者　20人

切手集め・将棋・天体観測・虫育て・詩集作成・野球（地区大会優勝）

五　各教科の嫌いな者

算数３人　理科９人　図工２人　家庭３人　国語２人　社会７人　音楽23人　体育０人

六　計算技能　×不合格　△かろうじて合格

| | 整数 | | | | 小数 | | | | 分数 | | | |
|---|---|---|---|---|---|---|---|---|---|---|---|---|
| | 加 | 減 | 乗 | 除 | 加 | 減 | 乗 | 除 | 乗 | 除 | 加 | 減 |
| A男 | △ | △ | △ | × | × | × | × | × | × | × | × | × |
| B男 | | | | | | | × | × | × | × | | |
| C男 | | | | | | | | | △ | | | |
| D子 | | | | | | | △ | | | | | |
| E子 | | | | | | | | | | △ | | |
| F子 | | | | | | △ | | | | | | △ |

七　市販テスト（五年末まとめ）の得点分布

| | 一〇〇点 | 九五点 | 九〇点 | 八五点 | 八〇点 | 七五点以下 | 平均 |
|---|---|---|---|---|---|---|---|
| その一 | 15人 | 8人 | 4人 | 3人 | 2人 | 2人 | 九一・八 |
| その二 | 14人 | 4人 | 8人 | 2人 | 1人 | 5人 | 八八・四 |

八　知能偏差値　教研G式　平均52

九　音読に問題のある者　2人

助詞の使用に問題のある者　2人

漢字習得に問題のある者　3人

計算技能に問題のある者　2人

六年算数の学習が困難な者　　2人

交友関係

一九七八・三・一調査のソシオメトリックテスト

(1) 表（268ページ参照）

(2) 分析

A　相互排斥は0であり、学級内は平和的である。反面、爆発力に乏しい。

B　孤立児は二名である。18番は五年初めは×が33であった。暴力その他による問題は一応克服したと考えられる。女子が排斥一に対し男子が排斥五は注目される。暴力等はなくなったが、仲間としての力が問われているのだろう。「見守られて集団の中へ」から「自立して集団の中へ」と問題は移った。今後は、18番は成長のためのトラブルを通らなくてはならないし、通さなくてはならない。

C　男子集団は一つである。いくつかの小集団が相互に結びついていると考えられる。

D　女子の集団は三つである。完全に分化している。

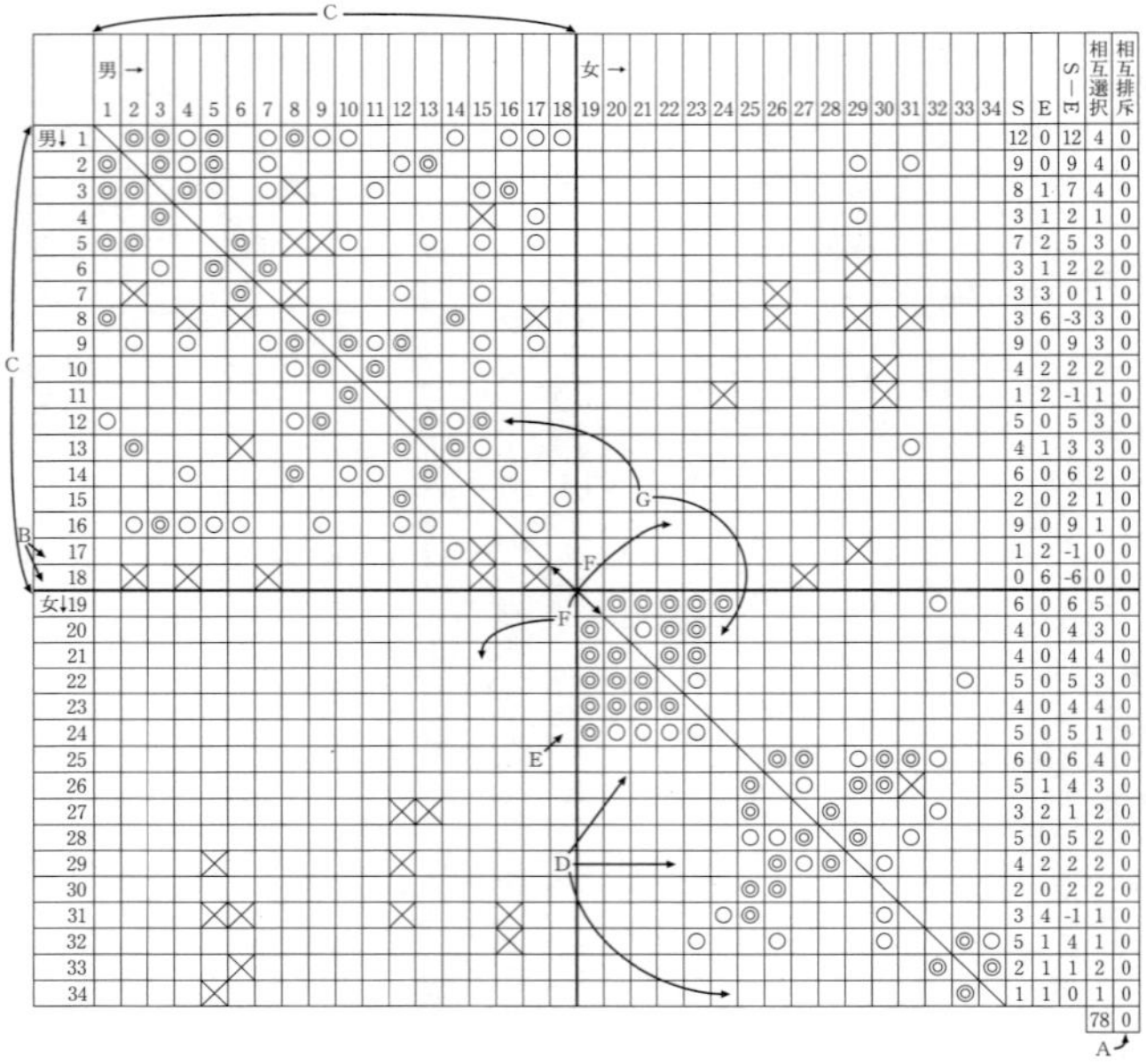
C
男→
女→
男↓
女↓
S
E
S−E
相互選択
相互排斥
A
B
C
D
E
F
G
78
0

E　女子の第一グループの結びつきは固い。
24番はグループ内から片足を出している。
完全にうちこめない心のひだにかくされた感情を見る思いがする。

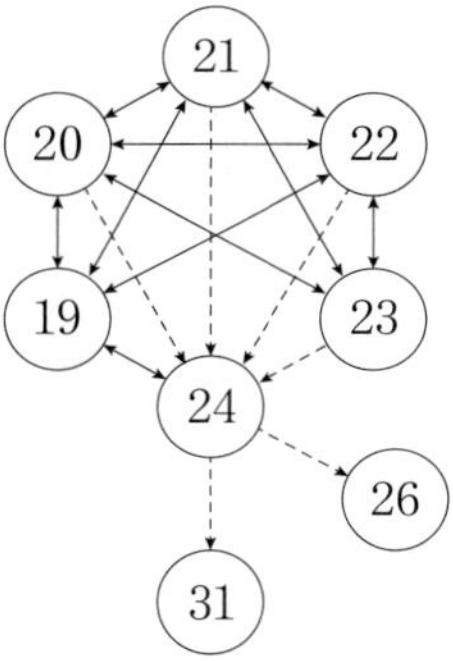


〈Eの分析図〉

F　異性間では選択数より排斥数が多い。

| | | | | | |
|---|---|---|---|---|---|
| 女子を選択 | 四 | 四 | 女子を排斥 | 一〇 | 二二 |
| 男子を選択 | 〇 | | 男子を排斥 | 一二 | |

男女のほんわかしたムードにはまだ遠い。

G　男子間の排斥は一六、女子間の排斥は一である。
トラブルは男子の中に存在し、女子の中にはほとんどない。

女子は三つのグループに分化しているためであり、男子はいくつかのグループの連合であるためと思える。ただし、相互排斥は0なので、大きいトラブルは存在しない。

H　女子第二グループはそれほど強くない。31が孤立的である。

I　18番は17番を選択している。資質が似ている者を選択している。同じ弱点を持つ者を選択する傾向がある(女子第三グループもそうである)。

J　16番は被選択が多い(九)のに、相互選択は一である。八方美人の要素があるのか?

K　男子の方が被選択は一二から0まであって落差が大きい。

(3)　到達点と今後の課題

(ア)　教育困難と考えられていた、暴力を中心とした18番をめぐるトラブルは、一応解決した。

(イ)　クラス内は平和的であり、平和的でありすぎる。

(ウ)　相互排斥0ということにも、平和な姿はうかがえる。

(エ)　18番が自立していく姿をとらえておくこと。諸能力を付けさせること。

(オ)　男女が仲良くなるような場面をもっと多くすること。(グループ活動、フォークダンスなど)

(カ)　女子の第三グループにもっとスポットライトをあてること。華やかな場を用意すること。自信を付けさせること。

(キ)　爆発的なエネルギーをひき出すこと。

平和的なクラスを、一度こわすこと。

この点こそが、今年一年間のクラスの基本的方向である。

教室環境

一　机・椅子　身体に合わない者　三（高さが調節できるとよい）

二　照　明　雨の日は照度基準以下。曇りの日は黒板面が基準以下（四月二〇日、一一時四〇分、黒板六〇～一四〇〈蛍光灯つける〉ルックス、廊下二二～七八ルックス）晴れの日はよい。（黒板には三灯必要。校庭側には一灯の配列でよく、廊下側には二灯の配列が必要）

三　通　風　換気扇の音が気になる。

四　騒　音　工事中のため基準を越えている。（四月の教室での調査）

五　備　品　小黒板他八〇点あまり。（小黒板のきちんとした物と、本棚がほしい）

六　作業空間　係毎のロッカー。（作業台は室内がせまく、設置できない）

七　掲　示　教室前面は教師用。それ以外は児童に。

※個人用の定規、コンパス、輪ゴム、セロハンテープ、クリップ、はさみ、封筒などを袋に入れて、机にかけておく。

※ぞうきんは、せんたくバサミでとめておく。

※係の印刷物はファイルする。

※図工・音楽・体育・家庭科の一式は、ロッカーに入れておく。

教室が子供のことを真に考えてつくられていないということである。スイッチと、蛍光灯のつき方は本校で五通りある。照度一つとっても、子供の目、集中力を考え、ちょっとの調査をすれば、ちがったものができるはずなのだ。

## 4　学級経営の展開

### 一　教科指導の留意点

(ア)　国　語

a　言語教育、作文教育、文学教育の基本となる談話教育を重視する。正確に話せ、聞きとれるよう注意する。

b　言語教育の基本として、漢字が書けること、文が正確に書けること、辞書をひけることなどに注意する。

漢字ノート（自製二三枚）を作成使用する。

c　作文教育の基本として、日記を書かせる。物語の文章を視写させる。有名な詩文三〇ほどを暗記させる。

d　文学教育として、分析批評の方法を行なう。

視点、イメージ、モチーフ等の物語の構成要素の学習を行う。

「やまなし」の授業をその頂点とし、記録をとる。

(イ)　算　数

a　教科書の内容を基本とし、一二月末に終了させる。
b　A男の到達目標を整数の加減乗除とし、他の子は市販テストで常時九〇点をこえるのを目標とする（現在三四名中二七名）
c　方程式は一歩つっこんで学習する。図形の難問も扱う。教科書ドリル以外に、年間で二〇〇問ぐらいの難問の学習を行う。
d　授業中は個別指導を重視する。教科書の問題のまちがいは必ずノートにやり直させ点検する。

(ウ)　社　会

a　政治単元は憲法の内容にそって学習し、原文を重視する。憲法前文の出だしは暗記させる。応用として、学級憲法を作成させる。基本的人権・平和主義・主権在民が貫かれるようにする。
b　歴史は、地球の歴史、人類の歴史、日本史通史、私の歴史の四部に分けて授業する。私の歴史は、最後にとりあげる。
c　世界地理は、グループ研究と、それの発表という形式をとる。自然地理を正確におさえる。

(エ)　体　育

a　筋力の弱い者が多いので、補助運動を重視する。筋力がきたえられる運動を中心とする。
b　全員に二五メートル泳がせるよう配慮する。
c　体育授業の目やすとして次の二つをかかげる。
①　汗をかく体育

② 技術の習得を通じて技能を向上させる体育

d ラジオ体操は国民的文化の一つといえるので、正確に習得させる。

(オ) 家庭科

a 単なる「よい家庭」の学習をするのではなく、いろいろな面からつっこんで考えてみる。

b 生命保持・健康維持からの食生活の諸問題についておさえる。

(カ) 道　徳

a 何かの判断をするためには正確で多量の情報が必要であることをおさえる。

b テレビは見ない。副読本は検討の結果、情報が少なく結論を急ぎすぎるので、ほとんど使用しない。

c 道徳性育成の基本方向は、指導要領のねらいに賛成である（ただし、教材等がきわめて不十分である）。

d 考え方・見方の多様性に留意する。

(キ) 学級会

a 完全にまかせてみる。

b 学級文化の創造を！

(注) 理科・図工・音楽は専科である。

二 児童の組織

児童の自治的組織であることを基本とする。
自発性・自主性に支えられた活動であるようにする。〃やりたい〃という意志こそが、困難をのりこえさせ、子供を成長させる起因だからである。リーダーは、可動的・平等的システムから出てくるようにさせる。そのために、選挙による選出は行わない。学級文化の創造をめざすようにさせる。

a　係をおく。児童の希望のみによってつくる。
学級新聞・マンガ・のど自慢・ゲーム・学級文庫・遊び
なお学級新聞はガリ刷りで五年の時に百号を突破している。

b　児童を六班に分け、各係は当番を分担する。
白衣・花・生物・黒板・学級用品・学習用具・日計表・統計掲示〈固定〉
給食・そうじ〈交代〉

c　集会行事等は、原案を担当が作成し、全体で決定する。

d　係会議・班会議・学級集会の時間を固定させる。

三　学級経営の月別展開図（次頁）

| 11月 | 12月 | 1月 | 2月 | 3月 | 時数 | 留意 |
|---|---|---|---|---|---|---|
| ・お金の話<br>・作文<br>・言葉の変化 | ・卒業文集づくり<br>・詩 | ・責任というもの<br>・もう一度考える | ・リヤ王<br>・もう一度考える | ・詩<br>・最後の授業 | 201 | ・平均に扱わない。重点を決める。<br>・漢字ノート書き方 |
| ・明治<br>・大正<br>・昭和<br>TV日清日露大戦 | ・現代<br>TV　中国<br>アジア | ・世界の自然<br>TV　ヨーロッパ<br>アメリカ | ・私の歴史<br>TV　食糧<br>資源 | ・私の歴史<br>・現代の諸問題<br>TV　世界と日本 | 128 | ・TVは視聴させる<br>・資料を重視する |
| 12　確からしさ<br>13　数のしくみ | 14　メートル法<br>15　問題の考え方<br>2学期の復習 | 16　数と計算のまとめ<br>17　量と測定のまとめ<br>18　図形のまとめ | 19　数量関係のまとめ<br>※数学入門1 | ※数学入門2 | 195 | ・教科書程度は完全に<br>・いくつかの単元をほり下げる |
| ・力強い動き<br>・マット<br>・サッカー | ・台上前まわり<br>・とびこみ前転<br>・斜めあおむけとび<br>・なわとび | ・タイミングのよい動き<br>・障害走<br>・健康な生活<br>・なわとび | ・開脚・閉脚とび<br>・なわとび<br>・持久走<br>・サッカー | ・持久走<br>・サッカー<br>・鉄棒<br>・ゲーム | 102 | ・工事中のためほとんどできないものがある<br>・多摩川台グランドを使用する<br>・なわとびの級 |
| 5　カバー、エプロンの製作 | 5　カバー、エプロンの製作 | 8　衣生活のくふう | 8　衣生活のくふう<br>9　楽しい会食 | 9　楽しい会食<br>サンドイッチ、飲みもの<br>（卒業実習） | 55 | ・単元配列を大巾にかえる |
| 詩文 | スピーチ | 学問の話 | 挑戦の話 | 人生の話 | 34 | 正確で多面的に見させる |
| 集会<br>創作 | 集会<br>遊び | 基本調査 | 集会<br>遊び | 集会<br>遊び | 27 | けん玉ゲームパーティー<br>折り紙飛行機作り |
| ・病気と薬<br>・路上遊び<br>・感謝<br>・物語をよもう | ・冬を健康に<br>・ふみ切り事故<br>・協力して<br>・科学の本をよもう | ・公害病<br>・標識<br>・たのしい食事<br>・本のせい理 | ・かぜ<br>・安全施設<br>・あとしまつ<br>・詩をよもう | ・耳を大切に<br>・人々の協力<br>・正しい食事<br>・本の紹介 | 11 | 年間時数でこれだけできるのだろうか？ |
| 11／15〜17<br>移動教室 | 卒業アルバム仕上げ | 社会科見学<br>1／11<br>たこあげ大会 | | 3／12<br>卒業遠足<br>3／22<br>卒業生を送る集い<br>3／25　卒業式 | | 毎月10日、避難訓練、工事完成とともにプール開き　講堂開きがある |
| すすんで仕事をしよう | きれいな学校にしよう〈環境を見る目を！〉 | 終わりまでしっかりやろう | 寒さに負けずきたえよう（きたえる） | 一年間のまとめをしよう | | 週目標の基準<br>①可測的である<br>②行為行動を伴う |
| 移動教室の準備実践等で一気に力を高めること！ | 評価<br>経営目標をほぼ達成すること！ | 六年間の学習の徹底的復習を | 独自のカリキュラムをたてること！<br>・サークルのメンバー等の授業<br>・特徴的な型破りの授業を！ | 前を向かせること！<br>ふりかえさせぬこと！ | 特活<br>76 | 学級経営の方針等を堅持すること。<br>計画的組織的教育を！ |

## 〈学級経営の月別展開図〉

| | 4月 | 5月 | 6月 | 7月 | 9月 | 10月 |
|---|---|---|---|---|---|---|
| 国語 | ・どろんこ祭り<br>・会議の意義と方法 | ・作文<br>・自然を守る<br>・報告文 | ・またとない天敵<br>・短歌と俳句〈啄木 芭蕉 一茶〉<br>・外来語 | ・石うすのうた〈分析批評〉 | ・自己をみつめて<br>・田中正造 | ・片耳の大シカ<br>・やまなし |
| 社会 | ・政治<br>TV 大昔 大和 | ・学級憲法<br>・地球の歴史<br>・原始時代<br>TV 平城 平安 | ・大和時代<br>・奈良時代<br>・平安時代<br>・鎌倉時代<br>TV 鎌倉 | ・室町時代<br>・戦国時代<br>TV 戦国・江戸 | ・江戸時代<br>TV 江戸 | ・明治維新<br>TV 明治維新 |
| 算数 | 1 分数の計算－1 | 2 分数の計算－2<br>3 立体－1 | 4 立体－2<br>5 比と比の値<br>6 拡大図と縮図 | 6のつづき<br>7 問題の考え方<br>1学期の復習 | 8 比例<br>9 反比例 | 10 立体の表面積と体積<br>11 式とグラフ |
| 体育 | ・リレー<br>短距離<br>・開脚とび<br>・なわとび | ・バスケット<br>・障害走<br>・素早い動き | ・マット（開脚前方まわり）<br>・障害走<br>・病気の予防 | ・水泳<br>クロール<br>平泳ぎ<br>逆とびこみ | ・水泳<br>・リズミカルな動き<br>・組体操<br>・リレー | ・バランスの良い動き<br>・障害走<br>・バスケット |
| 家庭 | 1 家庭生活のくふう<br>生活時間<br>金銭の使い方 | 3 上着のせんたく<br>よごれと洗い方 | 2 こんだて<br>6 調理のくふう<br>たまご じゃがいも<br>食品の組み合わせ | 2 ごはんとみそ汁<br>はんごうすいさん実習 | 4 住まい方のくふう<br>7 けんこうなすまい方 | 4 生活に役立つもの製作<br>5 カバー、エプロンの製作 |
| 道徳 | 判断の基準性 | スピーチ | 詩文 | スピーチ | 判断の情報 | スピーチ |
| 学裁 | 基本調査 | 集会<br>創作 | 集会<br>創作・遊び | 集会 | 基本調査 | 集会<br>創作 |
| 学級指導 | ・健康診断<br>・低学年へ<br>・食事の用意<br>・図書室の決まり | ・脳と神経<br>・食器のあつかい方<br>・詩をよもう | ・虫歯予防<br>・手洗い<br>・民話をよもう | ・夏のすごし方<br>・規則・車の動き<br>・よい食べ方 | ・男女のちがい<br>・食事のマナー<br>・本を大切に | ・目を大切に<br>・交通安全<br>・じょうぶなからだ<br>・辞書を使おう |
| 行事等 | 4／14<br>1年生をむかえる集い<br>4／20<br>健康診断 | 5／1<br>写生会<br>5／4<br>全校遠足 | 6／13<br>箱根遠足 | 7／4<br>はんごうすいさん〈秋川〉<br>7／7<br>七夕まつり | 9／7<br>水泳記録会 | 10／1<br>運動会<br>10／17<br>連合運動会 |
| 生活目標 | 学校生活になれよう | 楽しい学級にしよう（学級文化を！） | 健康で安全な生活をしよう | 規律正しい生活を行う（規則ではない） | 誰とでも仲良くなろう（一人ぼっちの子を…） | 元気に遊ぼう運動しよう（可測的） |
| 学級経営 | 4／24～28<br>家庭訪問<br>基本調査<br>学力<br>健康<br>環境<br>趣味・夢・希望 | 5／20<br>学級通信200号記念パーティー<br>学級経営案の作成<br>正確に！<br>厳格に！<br>事実の上に！ | 受験する者の相談にのること！ | ・評価<br>学力面で<br>体力面で<br>・夏休みの準備を個別的にすること | ・学習へ集中させること | |

# 第2章

# 今その道をさらに

## 「実践記」の主張・その発展

『向山教室の授業実践記』は、私が教師になってから十年間の教師修業と教育実践の記録である。私に追いつき追い越そうとする青年教師には、一つの乗り越えるべき目標になるだろう。

多くの後輩たちが、挑戦し、さらなる高まりを創っていかれるように熱望する。

すぐれた教育実践の創造は、一人の教師によってできるものではない。

それは、幾多の教師の努力を受けつぎ、それを一歩でも前進させようとするあまたの教師の努力の総和として結実するのである。

すぐれた教育実践の創造は、教師の努力の歴史的総和なのである。

過去の教師の努力を真剣に学んだ教師のみが、そして、それを一ミリでも前進させようと努力を続ける教師のみがその役割を担えるのである。

もち味のよさだけで教師生活を送ってしまう教師や、自分は相当なものだと思い上がっている教師や、教育書、教育雑誌に目を通さない教師には、絶対に手の届かない世界なのである。

さて『向山教室の授業実践記』に私が書いたことは、その後どうなっていったのか、書いてみる。

つまり、一九七九年に出版した内容は、一九八六年にはどのように発展したのかということについて書いてみるわけである。

一九七九年当時、私は、東京の片隅の名もない教師であった。現在のような仕事をすることなど、まったく想像もしていなかった。

一人教室で実践をして、ひっそりと教育の世界から消えていく……それでよいと思っていた。できることなら、せめて一冊の本は残していきたいと夢みていたどこにでもいる一教師だったのである。

第1節は「教師と技術」という題名である。

私は、第一作において、すでに「教師と技術」を意識していたことになる。

しかも、第1章にもってきていることを考えれば、当時の私が最も訴えたかったことということになる。

第1節には二つのことを書いている。

一つは「跳び箱は誰でも跳ばせられる」という主張、もう一つは「勉強ができない子が授業の中心になっていく知的な刺激に満ちた授業の展開」である。

つまり「跳び箱論」と「授業論」を書いている。

「跳び箱は誰でも跳ばせられる」という主張は、その後、次第に人々に知られ始めた。

『小二教育技術』誌、『内外教育』などで特集された。

明治図書出版の教師修業シリーズのナンバーワンとして入れられ、版を重ねている。

この実践で、日教組全国教研集会の東京代表にもなった。筑波大学附属小学校の研究会でも報告者となった。

日本青年会議所等、各団体でも講演をした。

そして、一九八五年十一月には「朝日新聞」「毎日新聞」が特集を組み、続いて一九八六年にはNHKTV「スタジオL」が三〇分番組として放映した。続けて「テレビ朝日」のニュース・ステーションも「一五分」ほどとりあげ、福武書店『小学生のお母さん』(発行部数八〇万部)も巻頭グラビアで特集をした。

また、波多野ファミリスクールでは、毎年春休みに「跳び箱・鉄棒特訓教室」を開設するようになった。

本書で、私が書いてから七年してやっと全国に知れ渡っていったのである。

「私も跳ばせられました」という感動の便りは、全国から毎日届くようになった。

子供の喜びの便りもいっぱい届く。

「跳び箱は誰でも跳ばせられる」という主張をめぐって『現代教育科学』誌は、特集を組んだ。論争もされるようになった。

その時の、私の主張はただ一つであった。

跳び箱を跳ばせられる技術が教師の世界の常識にならなかったのはなぜか?

私は、研究者に何度もこの問いを主張した。当時、この問いに、正対してくださった研究者はほとんどおられなかった。無力な研究者と訣別する形で「教育技術の法則化運動」は誕生するようになる。

さて、もう一方の「授業論」は『授業研究』誌などの連載の中で発展されていく。

その結実が『授業の腕をみがく』である。

この仕事を私に課したのは樋口雅子氏である。連載のテーマについての何回かの検討の中からこの方向が誕生してきた。これは、後の上達論「授業の腕をあげる法則」の伏線になっていく。

「授業論」「上達論」は、今後の私の仕事の柱になっていくはずである。

「授業実践記」の第2節は「教師と問題児」である。

私の教育に対する思想・信条はここに示されているといってよい。

「教育技術だけの向山実践」などという批難をする人がいる。

教育技術だけで教育ができるわけがない。

教育技術が教育に占める割合はわずかに七、八パーセントである。しかし、ある意味ではすべてである。

たとえば、外科医にとって盲腸などの手術は小さなことだろう。それがすべてではない。盲腸の手術など数パーセント以下のことであろう。しかし、「外科医」が盲腸の手術ができなければそれは外科医ではない。技術とは、そういうものなのである。

しっかりとした技術、方法に支えられて、プロの教師としての仕事は展開するのである。「登校拒否」「情緒障害」という二例の報告である。

「登校拒否」であって「登校拒否児」ではない。

「登校拒否」という一時的現象をとらえたのであって、レッテルをはりつける「登校拒否児」というタイトルは使っていない。

この実践を書く時、私はそのように考えていた。

もう一度言う。次の二つのタイトルはちがうのである。

A　登校拒否
B　登校拒否児

小さなことに思えるかもしれない。どうでもいいことに思えるかもしれない。

しかし、私にとって、この二つの言葉は、「教育の思想・教育の方法・教育の技術」が、全く異なることとして映ってくるのである。

私は「登校拒否児」という語を使っていない。使っているのは「登校拒否の子供」である。

「登校拒否」と「子供」を区別しているのだ。

たまたま「登校拒否」をしている「子供」と、とらえているからである。

「風邪をひいている子」「風邪の子」という使い方をして、けっして「風邪ひき児」「風邪児」とは、言わないように……。


二つ目の実践例を書いたが、実はもっと大変だったこともいくつかある。

そして、それは書いてはならないことなのである。私の教え子は、まだ青春時代の途上にある。

その後も、幾多の経験をしてきたが、この方面での実践記録は、書かないようにしようと思っている。

そのかわり別の夢がふくらんできた。

いつか「児童小説」を書いてみたい。主人公は、もちろん、この子たちである。多くの不幸や問題を持った子である。その子に、教師としてではなく、何というか、ガキ大将として寄り添って、その子たちが大活躍をする「児童小説」を書いてみたいと思っている（ところで校正をしている今、さる出版社の熱心な児童書の編集者から童話の書き下ろしをすすめられている）。

「教育技術の法則化運動」の仕事から離れた時に私のやりたい仕事である。私の夢である。

第3節は「教師と修業」である。

どうも、この本はできすぎの感じがする。「教師と技術」がトップバッターで、「教師と修業」が三番バッターなのである。

まるで「教育技術の法則化運動」を予測していたみたいである。

この節には、二つのことが書いてある。

一つは（教師の技量の）「上達論」である。一つは学級経営論（児童活動論）である。

教師の腕を上げるための「放課後の孤独な作業」は、安彦忠彦氏がとりあげられ、教師の腕を上げるための方法の必要性を強調された。

教師の腕を上げるための上達論としては、何といっても『授業の腕をあげる法則』である。

この本は、発売一年で二三版二万七千冊を記録した(二〇〇〇年には一〇〇版を超えた)。

『続・授業の腕をあげる法則』も、配本前に四版、出版して一カ月で七版一万一千冊を記録した。

教師の腕をどうするかという「上達論」を示したものとしては、初めてのものだと思える。

この二冊を読んでいるのは、実は教師以外の人も多い。

朝日新聞、NHKスタジオL、テレビ朝日の取材は、記者・ディレクターが、書店で私の本をたまたま目にして興味をもったということから始まっている。

「上達論」については、今後さらに深めていく課題である。


学級経営論としては、その後二つの系列の仕事が発表された。

第一の系列は、教師修業シリーズの中に入っている三冊である。

『向山学級騒動記』では、向山学級の特徴を示した。

一年間の学級通信を復元した『学級集団形成の法則と実践』。「学級通信アチャラ」これは、四年生担任の時の学級通信である。

一年間の私の学級経営、授業がわかるようになっている。

大阪教育大学の足立悦男氏によれば「学級通信アチャラ」は、戦後を代表する学級通信だそうである。

この発展としての「学年通信あのね」を『学年集団形成の筋道と実践』という書名で示した。小方シズエ氏、西川満智子氏との共同の仕事である。

第二の系列は「向山洋一の学級経営」のシリーズである。

一年から六年まで、学年別に六冊で構成されている。

一人の教師による六学年の学級経営の記録はおそらく日本で初めてであろうと言われている。

この仕事は、園田桂子氏・平野真弓氏の二人の編集者がもたらしてくれたものである。

第4節は「教師と仕事」である。

仕事のとらえ方について、この当時は、まだ萌芽的な段階であった。

私はその後「生活指導主任」「教務主任」「研究主任」などの仕事を経験するようになる。

この中から「教育課程論」「研究論」などの仕事が蓄積されていく。

千葉大学で「教育課程論」と「教育方法演習」の講義をするようになった。『研究集団・調布大塚小学校』は、その一つの仕事である。

また『学校運営研究』誌で、法則化運動の学校づくり論を連載するようになる。学校づくり論のために「三〇代講座」も発足させることになった。

第5節は「教師と交信」である。

中味は、「分析批評」の実践記録である。

小学校における「分析批評」の実践報告としては、これが日本で初めてのものであろう。

「てふてふが一匹韃靼海峡を渡って行った」という「春」と題する詩の授業である。

この授業は、その後、大森修氏をはじめ多くの教師によって追試されていった。

なお「春」の原詩は一行詩であるが、この実践では三行詩になっている。

記録を読めばおわかりのように、私は教え子の「中学校授業で宿題に出た」という詩を取り上げた。教え子は私立の麻布中学の一年生になったばかりである。

その子が、黒板に三行で書いたのである。

雑談の中で出たので、その子も深くは考えなかっただろう。

私は、初めて目にしたその詩を、翌日、即座に授業したわけである。

不十分であり、不正確なのだが、しかし、三行詩として授業してしまったのも事実なのである。

したがって、そのまま文章に載せることにした。

「春」の実践が問題提起したことは大きいと思う。

一つは国語の授業における「発問」というものに反省を促したことである。国語科における発問は「思い付きをだらだら述べるもの」であってはならない、「文章の検討を促すもの」でなくてはならないということを問題提起したことである。

一つは「感動重視」の文学教育よりも「感動を前提」とした、分析・批評の文学教育が必要だということを主張したことである。

これらの主張は、後に『国語教育』誌における誌上シンポジウム「文学の授業は感動重視でよいか」(問題提起向山洋一、パネラー足立悦男氏、井関義久氏、宇佐美寛氏、関口安義氏、西郷竹彦氏、市毛勝雄氏)、共著『発問が集団思考を促しているか』、国語教育誌の連載「小学校の国語教室」などとして結実する。

さらに、分析批評を中心にした国語教育の労作として次のものが出版された。

『国語の授業が楽しくなる』(向山洋一)、『国語科発問の定石化』(大森修)、『分析批評によるやまなしへの道』(佐々木俊幸他著)、『分析批評で国語科授業が変った』(石岡房子)、『国語教育の記号論』(井関義久)。

なおまた、これらの実践の中から、編集者の樋口雅子氏、実践家の大森修氏などによって「発問の定石化」という新たな問題提起がされている。

第6節は、「教師と仲間」である。

ここには、初期の京浜教育サークルの様子が描かれている。

どのような研究会をしていたのかがわかる。

それから六年後に法則化運動を発祥させ、京浜教育サークルが中央事務局を担当することなど、誰も考えていなかった。

二〇世紀屈指の教育運動の渦中に存在することなど、夢想だにできなかった。

しかし、時は流れる。

ジャカルタに赴任していた井内幹雄（サークル創立者四人の一人である）は、帰国して、都立教育研究所に内地留学して、さっさと教頭になって、今年、小笠原に赴任してしまった。都内でも若い教頭だろう。

河本みよ子氏も教頭に合格してしまった。衣川さんは、石川さんとなり、二児の母親となり、二〇代講座で講師となって絶賛をあびた。

石黒氏、松本氏は「ツーウェイ」副編集長である。

藤平洋子さんも二児の母となり、二〇代講座の事務局長を担当した。

この後、本著によって板倉弘幸氏が参加、藤平洋子氏の同僚だった石岡房子氏が加わるようになる。

それにしても、「京浜教育サークル」とは、一体、何なのかと思う。

一人一人が、信じられないほどの仕事をこなしているのである。歴史にはこういう時期があるのだと考える他はない。

　実力以上の仕事をしているのは、はっきりしているのだから。

「運がいい」ということに尽きるのだろうか。


　さて、付録として「六年一組学級経営案」がついている。

　これは、京浜教育サークルの研究誌（といっても、自分たちのガリ刷を集めたものだが）に発表したものをそのまま転載したものである。

　なお、この時の「京浜教育サークル」研究誌には、何名かの（石黒修氏、石川裕美氏などの）学級経営案が含まれている。

　一九八六年五月連休の二〇代講座にそれを持ち込んだ人がいた。

　佐々木俊幸氏は、冊子を見て興奮したように叫んだ。

「なぜ、こんないいものを復刻しないのですか」

　昔の実践がそのまま出ていて、役に立つのだという。周りの人も、強く同調されていた。

　というわけで、この「京浜教育サークル」の冊子は、その場で「復刻・出版」することが決められた。

　この旨を、法則化中央企画室の会議で、明治図書出版の江部満氏、樋口雅子氏に話すと、大賛成であった。

というわけで、京浜教育サークルの初期の頃の仕事が、近く復刻される予定である。

さて、私の「六年一組学級経営案」であるが、その後、学級経営案の一つの見本としてあちらこちらで取り上げられた。

私としても、多分、一九七〇年代の学級経営案の一つの代表にはなるだろうと、今にして思う。

なお、この時、私の意識にあったのは「村山俊太郎氏の（つまり戦前の北方性教育の）学級経営案」であった。

村山氏の仕事がなかったら、私の学級経営案は全くちがう形になっていただろう。

我ながら、実にいろいろな仕事をしてきたものだと思う。

そのほとんどの仕事を組み立ててくださったのは、江部氏と樋口氏である。お二人と一緒に仕事をしなかったら、これほどの広がりはなかっただろう。お二人に出会えた幸運を感謝している。

『斎藤喜博を追って』は、私のデビュー作であり、この本の中にその後の私の主張のほとんどは含められていた。

藤岡信勝氏(東大)は、雑誌「教育」一九八六年二月号の中でこの本について次のように述べた。

「この本は著者の十年にわたる実践の苦闘の跡がしるされている。いま、読み返してみて驚かされるのは、この本の中には向山氏の今日の主張の原型がほとんどすべて書き込まれているという事実である。

たとえば『皮肉なことに教師の世界では仕事の腕を伝えていく方法がはっきりしていないのだ』という一節をとってみても、今日の法則化運動とのつながりは明白である。」

この本は、新卒教師から十年間の教師修業の記録である。一人の小学校教師の実践記である。

この本を出して以後、私は次のような仕事に出会う。

一　教育技術法則化運動代表
二　『教室ツーウェイ』編集長
三　二〇冊の単行本出版
四　千葉大学での「教育課程論」「教育方法演習」の講義
五　ＮＨＫＴＶクイズ面白ゼミナールでの教科書問題の作成

六　ＮＨＫＴＶ社会科番組での番組委員
七　全国大型書店での講演会
八　「法則化シリーズ」の編集………
九　八つの雑誌での連載の執筆……などなど

こういう仕事に対して賛否両論あるだろうが、私は与えられた仕事として努力している。

私はいったい、若い時に、いかなる実践をしていたのだろうか。いかなる教師修業をしていたのだろうか。

それに答えたのが本書である。

本著を「向山を追いかけ、追い付き、追い抜こう」とされている、全国の青年教師にささげる。

私こそ、私を抜いていく後輩が生まれることを誰よりも待ちこがれているのである。

若き教師諸君
向山に追い付け！
向山を追い抜け！
さらに新しい峰を築け！

私の仕事の原型がすべてデビュー作に収められていたというのは、そのとおりだということになる。

私は五年前『すぐれた授業への疑い』のプロローグで次のように書いた。

> 本書は、戦後最大の教育論争を舞台とした一小学校教師の歩みである。
> 東京の片隅の一教師にすぎぬ私は、どのような教師の過去を背負って出口論争に参加したのか？
> また、この論争によって、名もなき一教師である私は、いかなる未来と出会うのか？

そして今、次のように書き留めたい。

> 本書の実践を基盤にして教育技術法則化運動は誕生した。
> 教育技術の法則化運動によって、若き教師たちはいかなる未来と出会うのか？
> そして、私は、あなたと、どこで言葉を交わすことができるのだろう？

## 昌平社『斎藤喜博を追って』版あとがき　少し長いあとがき

昌平社の社長の久木さんから、執筆の話が持ち込まれて、書きあげるまでにまる一年の月日を必要としてしまった。

今まで十年間の実践を、項目ごとに整理したのであるが、それだけでまるまる一カ月を必要とした。十年間も一つの仕事をしていると、取り組んだことは数多くあった。職員会への提案や、授業の記録や、いくつかの論文や、講演の記録などがたまっていた。それを、受け持った世代別に、項目に分けていくのは、かなりの労力を必要とした。資料はファイルで二百冊近くになった。資料をファイルに綴っただけで、仕事が終わったような錯覚に陥った。

「書き下ろす」にあたって、ぼくの頭の中から、鈴木道太氏の著作『生活する教室』が離れなかった。ぼくが今までに読んだ教育の本の中でも絶品だと思っている。

ぼくとは、人間の品格が、教師の品格がちがうのである。ぼくには、鈴木道太氏のようにはとても書けないと思った。書けば書くほどみじめであった。いや、書き方のみならず、教育の中身がまるで及ばないのである。

貧しい実践と表現しかできない自分に、原稿用紙に向かうことを言い聞かせ、納得させるために、かなりの日時を必要とした。

今までにぼくが発行した千号を越える学級通信や、原稿用紙三千枚ぐらいになる論文に目を通した。これらは一応発表されたものであるから、気は楽であった。しかし学級通信や、論文は結局ほとんどすべて没にした。この本の中に、例えば文学教育、社会科教育のまとまった実践を入れたかったし、授業論などを入れたかった。だが、どれ一つとってみても予定原稿枚数は必要とした。しかも、そうしたものを部分的に入れても全体の内容がちぐはぐになるのであった。やむなく、そうしたものも一つもいれないことにした。

次に困ったのは、文体をどうするかということであった。むろん、ぼくは物書きを仕事としていないから、それほどきちんとしたものをもっていない。稚拙で恥ずかしく、何度か筆をおこうとしたくらいである。

それでもぼくはおよそ、次の五つの文体を内容によって使い分けていた。

〈論文風〉

「学校教育が学校教育として存在しうるためには、教育する内容に対して、ある前提が暗黙のうちに(公然のうちに)存在していた。

〈大衆小説風〉

「ぼくが家庭科を教えていると聞いた友人たちはゲラゲラ遠慮なく笑った。元来主体性がないからそれに和した。『酒のツマミなら多少自信があるのだけど……』と、おそるおそる言ったら、連中は『近来まれに見る着想だ』とはしゃぎまわった。」

〈美文風〉

「未知の子どもが持ちよる、新たな資質、個性、困難との邂逅は、常に新鮮であり感動的であり、劇的だ。新たな出逢いが、新たな課題をもたらし、その難関への挑戦が、新たな自分を発見させ、変革させていく。」

〈叙述風〉

「模造紙にでかでかと書かれた『夏休みの作品』がある。見栄えがするように、他人に見せるようにつくられたこれらの作品は、『夏休みの作品』の一つの典型である。ぼくは、こういう作品が好きではない。もっと言えば嫌いである。」

〈私小説風〉

「ぼくも、みんなの前で得意そうに先生に傘を貸したかったのだ。そして次の瞬間、ある事に思いあたって血が逆流していた。ぼくの家には、先生に貸すような傘がなかったのだ。」

これらの文はむろん内容によって違ってくる。逆に言えば文体によって、内容も限定されてくる。

提案をしたり、論文を書いたり、研究をまとめたりする時は、論文風を使う。この文体を使用すれば、さしずめ教育論みたいな内容になるはずである。この文体の長所は漢語を多く使用できることと、厳格に、論理的に表現できることである。

学級通信や手紙の中では、大衆小説風を使う。これを使うと、学校での出来事が軽快にかつ、パノラマ風に表現できる。遠藤周作氏や北杜夫氏のある種の本を思い浮かべてくれれば、ほぼ近くなる。

この文体の最高の長所は、肩を張らないで自己否定をできることである。自分のことを、他者の視点から表現することが可能なことである。教育実践論は、その仕事の本質から言って、感情の起伏を説明しなければならず、感動の表現や、居直ったような表現が多くなりやすい。しかし、この文体だけは、自虐的表現が可能なのである。だから漱石が、〝猫〟を必要としたように、他者の視点を取り入れれば、教育の文でも他人ごとみたいに表現できる。

卒業式の時の挨拶や、子供におくる言葉には、美文調を使う。

理性に訴えるよりも、感性に訴える時にはやはりこの方がいい。ロマンを求め続ける心情を表現する時にも、他とは比較にならぬ描写力を持っている。ただし、三十歳を越えて、このような文章を書くのは、むろん恥ずかしい。

叙述風は、何ということはなく、いつも書く文体である。学校便りに載せる時も、学級通信も、通常はこれを使用している。このあとがきも、またそうである。

私小説風の文体は、自分の実践を省みたり、手紙の文として多く使用する。感情の増幅をできる限り押さえて、一つ一つ確かめながら書く時にこうなる。したがって、これを使うと、教師としての自分の歴史などが書けるはずである。淡々と書きたいのだが、感情を押しつけてしまうような時もある。

ただし、この文体には漢語はなじまない。和語の語彙の少ないぼくは、その点で実に苦労する。同じ言葉が何度も出てくるのである。子供に「先生の文は平仮名ばかりで読みやすい」と、へんなほめられかたをした時もあった。

以上の五つの文体のどれにするかを悩んだのである。つまるところそれは、何を表現するかということでもあった。

A　教育論を書くのか。

B　学校での出来事をパノラマ風に書くのか。

C　教師の心情を書くのか。

D　事実の描写とその分析を書くのか。

E　教師としての歩みを書くのか。

中でも、捨てがたかったのは、AとBである。Aは、やはり文学教育論や、教師論や、社会科教育論などのまとまったものを表現できるからである。そして、それは教師の実践の中心でもあるからである。

Bが捨てがたかったのは、全く個人的な好みの問題である。つまりぼくは、遠藤周作氏や北杜夫氏の愛読者であるからだ。あのような内容を、教育の世界の素材として書いてみたかったからである。はなはだ不穏当な内容にもなるはずであるが、それはそれとして多少の意味もあると思ったからである。

しかし、結局のところ、最後の私小説風の文体にした。一番大きな理由は、鈴木道太氏の『生活する教室』が、やはりそうであったからである。格調において、とうてい追いつけぬと知りつつも、ぼくは挑戦してみたかった。もう一つの理由は、教師のプロとしての足跡を書いてみたかったからである。ぼくは元来、片仮名は好きではない。プロという言葉にも、何か俗物的な意味あいを感じてしまう。斎藤喜博氏は、仕事という言葉を使っているが、その方が、ずっと品がよく、しっくりといく。

かつて、島小学校(群馬県)で仕事をされていた船戸先生(泉先生)からいただいた手紙の中にも、実に厳粛で惻々とした漢字で、〝仕事〟という言葉が使われていた。しかし、あえて、プロという言葉を使った。それは、アマに対するプロという意味を含めたかったからである。玄人という言葉もよかったが、何かなじめぬ面があるからである。

最近の教育の世界における大きな出来事の一つは、アマの側の発言にあると思っている。通知表の五段階評価についてのテレビ放送を遠因としたこの動きは、落ちこぼれ(し)、受験をめぐる問題で沸騰した。各新聞社の教育欄も当初の予定を変えて、何年もの連載を続けている。それほど反響や投書が多かったためである。

このアマの側からの教育の告発は、教育の世界における弱点を、あます所なくあばき出した。中にはとても信じられない学校や教室が存在していることを世に示した。学校という閉鎖された社会で続けられてきた日常的な教育がすべて問われた。

日本の教育の歴史の中で初めてと言っていい、世を挙げての教育の告発は、歓迎すべきことであったと思っている。そうでなければ密室の世界での出来事は、子供一人一人の不幸となったまま、終えてしまっただろう。しかし、今は、とにかく問題は提起されたのである。

これからは、アマの告発に対して、プロが答えていく番だ。しかも、口先だけのことではなく、教育の事実をもって答えていくべきだと思っている。

教育を仕事としている教師のプロ性が、試されていくのだ。

このことが、この本を貫くテーマである。一人の教師がいかにその仕事にとり組んできたかという回答である。

全国には、その身を削るほどに教育の仕事に打ち込んでいる教師も多い。

ぼくは、ぼくもまた、東京の片隅の学校において、全力を尽くして教育の仕事にあたってきたという事実を、それら名も知らぬ仲間への連帯の証しとしたいのである。

この本のいささかきざな序文は、そのために入れたものである。

さて文体が決まって、書き出してみると、大きな障害にぶつかった。それは、書いてはならない事が多すぎることであった。いくら仮名であっても、これを読むかつての教え子には、誰であるか想像はつく。そうした教え子にとって、今さら書かれるのは迷惑であるということは十分に考えられる。教室で一緒であった時代に心通わせたことでも、その後の子供の成長が、それを拒否することも生まれるからである。さらに、いくら書きたくても、書いてはならぬこともある。

重大であり重要であり、それゆえ他人に伝えたいと思うことほどそうであった。深刻で、想像を絶する中で生きぬいてきた子供と、ぼくのかかわりについて書いてみたかった。しかし、ぼくが教師である以上、それはしてはならないことであった。

ぼくの教え子は、まだ青春の途上にあり、まばゆいほどの未来が待ちうけているのである。小学生時代の苦難の事実が、それがはっきりした事実であればあるほど、消し去ってしまいたいことも多いはずであった。

教師の限界を身にしみながら、それでもなお、あれこれとかけずりまわった昔の、多くのそうした実践は没にした。

したがって、始めの頃は、プロットばかり何種類も書いてながめていた。仕事の忙しい人が、ふと他のことに手を付けてしまうみたいに、見当はずれなことばかりやっていた。

少しばかり一気に書いてから、後が進まなかった。ぼくは、自分がものぐさな点を計算に入れていなかったのだ。そして少々つけ加えれば、ぼくは授業をしつつ執筆するほどの力量がなかったのである。

かくして、一年の月日がまたたくまに経ってしまった。夏休みだけが頼みの綱であった。夏休みも終わりとなったころ、やっとほとんどの章を書き終えることになった。肩の荷が下りた感が強い。

最後に、ぼくも世の「あとがき」の例にならって、石川正三郎氏、坂本茂信氏、小出精志氏をはじめとするかつてと今の同僚や石黒修・松本昇・藤平洋子・青木（解良）礼子・石川（衣川）裕美・河本みよ子・衣笠博子・井内幹雄氏など京浜教育サークルの仲間と、この本の出版のために力を尽くされた多くの方々に感謝の意をささげ、筆をおきたいと思う。


一九七九・三・一〇（父逝きて二三年の命日に……）

向山洋一

# 解説

## 根本を変える

TOSS熊本　吉永順一

本書の性格を一言でいうと「アウトリーチ」という言葉が一番ぴったりする。アウトリーチとは、科学者がその成果、もしくは現状を目に見える形でわかりやすく公開し、社会に還元するための活動のことをいう。本書は単なる実践記録ではない。的確な現状認識をもとに実践の方向を示している。その観点はこれまでの認識を一変させるものである。多くの仕事をすることも偉大だが、創見に満ちた教育学を打ち立て、時代の思考を一変させたことがすごい。向山洋一氏が終始見据えていたのは学校の課題であり、授業の様相であり、学級の現実だった。その時々の仕事に情熱を傾け、その努力の滴《しずく》で書かれたのがこの本である。氏は、問題の構造を明らかにし、解決にいたる道すじを示し、先導的な事例を添えた。このことは「アウトリーチ活動」にほかならない。その意味で、向山氏の多くの著作のなかでも特異な本だといえる。向山氏の文章は「記録」と「批評」で構成されている。だから面白い。過去に教育書が面白いと思ったことはなかった。「表現」と「批評」を兼ね備えた作家に司馬遼太郎がいる。向山氏は「実践」と「批評」を兼ね備えた教師だ。作家松本清張に「清張以後」という言葉があるように、氏は事実と実感のみに依拠した主張を展開し、「向山以後」という世界を創った。氏に準備期、助走期というものがない。いきなり登場してほぼ達人。その秘訣のひとつが「記録」にある。アウトリーチ活動を展開するには記録が必要になる。内容の多くがその時々の記録である。日常のささいなことまで記録している。1章1節3項で紹介されている台形の授業も地理の授業も補教に入ったときのものだ。そうしたことを記録に残すだろうか。安西冬衛の「春」も入念に準備したものではない。たまたまやってきた卒業生の宿題だった。向山氏の場合、単なる筆まめということとは違う。その時その時のことを原理原則まで詰めていく。「新卒時代の日記」にある子どものストライキ（P121）もそのひとつだ。詳細は本文にゆずる。遊び足りない子どもたちがストライキを起こした。むろん指導する。教室に入るよう指導しながら入ってこないことを願う。この二律背反の心理描写が秀逸。自分で考え判断したことを最後まで貫けるか。これは将来何度も遭遇することだ。こうした経験が成長につながる。四名の子が指示に従わず残った。「その四人は、ぼくがはじめて見た偉大な子供たちであった」。このような見方ができるか。学級は問題の集合体である。トラブルはつきもの。起きないようにするのではない。うまくぐらせるのだ。この場合もささいな場面である。向山氏はどう原理原則まで詰めていくのか。次の文章がある。「未知の子供のもちよる新たな資質・個性・困難との邂逅は、常に新鮮であり感動的であり劇的だ」。（P107）困難との邂逅が新鮮？　本当か。困難との邂逅が感動的？　本当か。困難との邂逅が劇的？　本当にそう思うか。困難と向き合うことをこのように捉えた人を私は他に知らない。多くは及び腰だ。避けようとすらしている。あのトラブルの対応があってこの見解なのだ。識者の書いた文章だったら興醒めしたと思う。氏はさらに詰める。

「学級は一人ひとりが持ち寄る未知の個性、資質、困難が混在する。このカオスこそが子どもを成長に導く。一人の成長は全体に波及し、全体の成長が一人の前進を促す。困難を抱えた一人の子どもの成長は、それを見守る子どもに勇気を与える」

向山氏はひとつひとつのことに全力を尽くし、教室をそうした「構造」に変えていく。跳び箱の指導（Ｐ２４）がそうである。情緒障害の子どもの指導を含む「調布大塚小の生活指導」（Ｐ８１）がそうだ。そうした記録を向山氏は新卒時から続けている。よほど自覚していないと記録は残せない。氏はなぜ残せたのか。明確な答えが記してある。「その時その時の仕事は、その人間のすべてなのである」（Ｐ１２９）記録を残すことの意味がもう一つある。向山氏は教育研究集会で次のように発言している。「教育活動が個人的な形だけで終わってはいけない」（Ｐ１６８）この発言はどのような意味をもつのか。向山氏はいう。

「教育実践記録を書くのは、まとまった教育実践の発表であるというより、より価値のある教育をしたいという絶えざる追究過程への参加である。すぐれた実践の創造は、教師全体に課せられた共同の仕事である」（「現代教育科学」１９８０年６月号）

教師全体の共同の仕事の一部を担っているという意識が膨大な記録の蓄積につながり、日常の記録がここまでの広がりと深まりをもつことを明らかにした。

向山氏は実践に即した教師修業の原則をいくつかあげている。巻末に「教師修業10原則」としてまとめてみた。この中の「根本を変える」は、本書の根幹を示す原則である。根本とは何か。担任の何を変えなければいけないのか。授業の何を変えなければいけないのか。学校の何を変えなければいけないのか。根本を変えるとその表面の現象が解決されていく。変えないとどうなるか。学力の二極化、塾、私立校への依存という傾向をもたらす。このことが学級の荒れやいじめの起きる要因となる。すでに周知のことだ。その意味で本書は今日の教育問題を論じている。先にあげたことは、「一斉」の形態のせいではない。いろんな子が集まる「学級」のせいでもない。学者の中には一斉（学級）と個性（多様性）とを対立的に捉える人がいる。しかし向山実践では、むしろ「個性」「多様性」が重要なキーワードとなっている。多くの学校が、多くの教師がこの点を見過ごしている。だから、「一斉」「学級」という形態を使いこなせていない。武器にできていないのだ。どうすればこの形態の醍醐味を味わい、すべての子どもを伸ばすことができるのか。根本を変えればよい、と向山氏はいう。はたして担任は、子どもの欠点を子どものせいにしていないか。まず教師自らの姿勢を変えないといけない。つらくても自己否定し、弱さと対峙しなければならない。欠点はむしろ教育の営みのなかで生み出されていることを認識すべきなのだ。学級についてはすでにふれた。では授業での根本は何か。さらに学校での根本は何か。すると「構造」という問題にぶつかる。宿命的とも受け止めてしまう「構造」が存在している。できる子を頂点に、遅れ気味の子を底辺にした構造がある。優等生におんぶした授業だとそうなる。そういう構造を温存させているのは教師の授業の未熟さにある。教材を分析していく力量、一人ひとりを具体的に見る力量、学問的な素養、授業を組み立てていく力量をもっていればそんなことにはならない。（P１３４）

そうした授業を変えないといけない。そうしたことを固定させる学校の古い形を壊さないといけない。優等生だけが脚光を浴びるという構造が存在し、華やかな場面の多くを優等生が独占しているからだ。それは学級委員であり、運動会の紅白リレーであり、すぐれた一部のものだけが参加する学校行事である。（P１３５）学校のなかにあるこうした優等生を中心としたシステムを変えなくてはならない。力量を要する仕事だ。そのことを認識していれば修業に向かう。どうすればよいのか。その道すじを向山氏は明らかにしている。手を差し伸べている。この本を「アウトリーチ」とする所以だ。このように考えて教育プランをつくる。実態に応じて教育課程を編成する。そのためには学校という組織の構造に通じておかないといけない。現行法体系の手続きを知り、それを越える事実をつくっていかねばならない。根本を変えると新たな地平が見えてくる。

先ごろ新学習指導要領の改定案がでた。時代の進展からの改革、人工知能、プログラミング教育といった未来を見据えた改善の案がでている。しかし学校、学級、授業の構造が生み出す課題についての改善の視点がない。そのヒントは本書にある。

資料　教師修業10の原則

1　仕事をする時は大作主義で臨む。（P129）
2　自分の研究をその時の課題に合わせる。（P129）
3　極限の状況では、その子と自分という具体的なことしか存在しない。（P80）
4　基本の上に一つ一つの応用を積み重ねていく。（P54）
5　根本を変えなくてはならない。（P43）
6　教室にあらわれる子どもの欠点は、自分自身の力量の不足による。（P132）
7　どの人間にも可能性がある。信じる頑固さと具体する執念を失わない（P108）
8　能力差が消え、どの子も学習に熱中する授業を組み立てる。（P58）
9　プロの力は技術である（P112）
10　教育の構造に通じ、それにせまり、そして越えていく事実を創り出す。（P226）

学芸みらい教育新書 別巻

# 向《むこう》山《やま》の教《きょう》師《し》修《しゅ》業《ぎょう》十《じゅう》年《ねん》

2017年4月1日　初版発行

著　者　向《むこう》山《やま》洋《よう》一《いち》

発行者　小島直人

発行所　株式会社学芸みらい社
〒162-0833 東京都新宿区箪笥町31 箪笥町SKビル
電話番号 03-5227-1266
http://www.gakugeimirai.jp/
E-mail：info@gakugeimirai.jp

印刷所・製本所　藤原印刷株式会社

ブックデザイン・本文組版　エディプレッション（吉久隆志・古川美佐）

落丁・乱丁は弊社宛にお送りください。送料弊社負担でお取替えいたします。


ISBN978-4-908637-40-7 C3237

# 向山洋一教育新書シリーズ 既刊ラインナップ

向山 洋一 むこうやま よういち

東京都生まれ。68年東京学芸大学卒業後、東京都大田区立小学校の教師となり、2000年3月に退職。全国の優れた教育技術を集め、教師の共有財産にする「教育技術法則化運動」TOSS（トス：Teachers' Organization of Skill Sharingの略）を始め、現在もその代表を務め、日本の教育界に多大な影響を与えている。日本教育技術学会会長。


**技術があれば授業がうまくなり、子供たちは学校が好きになる**

## ❶ 授業の腕を上げる法則

ISBN978-4-905374-75-6

三〇年にわたって教育書のベストセラーのトップであり続け、多くの大学や教育委員会が「授業とはどのようにするのか」の講座のテキストとして採用してきた名著の新版。

**新卒の教師でもすぐに子供を動かせるようになる「法則」**

## ❷ 新版 子供を動かす法則

ISBN978-4-905374-76-3

教師の持つ技術だけでは語れない、子供との付き合い方の原理や原則。実際にあった教師と子供たちのかかわりの具体的な場面を通じて知る、子供との付き合い方。

クラスの中のいじめの芽を摘み取るのが教師の役割だ

❸ 新版 いじめの構造を破壊する法則

ISBN978-4-905374-77-0

子供に「教育的に意味のある行動をさせる」のは、教師の大切な仕事である。本書では前半は子供を動かす原理編、後半は子供を動かす実践編として構成。

授業に専念できる、通学が楽しみになる学級づくり

❹ 新版 学級を組織する法則

ISBN978-4-905374-78-7

教育現場での重要なテーマであるいじめに対して、いじめが起きてから何かをするという小手先の対応策ではなく、いじめが起きないためのシステムづくりと制度化を知る。

子供にとって忘れられない教師となる秘訣！

❺ 新版 子供と付き合う法則

ISBN978-4-905374-79-4

「学級づくり論」を明確にするために必要な教師の力と、学級を組織するための、原理・原則。向山の学級づくり論を証明する、向山の実践記録と法則化運動を紹介。

技術を支える技量をみがく！ これが、プロの教師の心得だ！

❻ 新版 続・授業の腕を上げる法則

ISBN978-4-905374-91-6

技術に重きを置いた前作の精神編。授業の技術を支える技量と、プロの心構えに加え、「新卒教師のための五か条」を収録。著者が実践した教師としての自分を磨く法則。

授業研究の進め方や追究の仕方を、実践を通して具体的に知ろう！

❼新版 授業研究の法則

ISBN978-4-905374-92-3

真に研究に価する成果を教育界に生み出していくために欠かせない、学校で取り組んでいる研究と、大作主義で臨むことの重要性。そのために有用な研究のなかま作りの方法。

一年生担任のおののきと驚きの実録！　一年生を知って、一人前の教師になろう！

❽小学一年学級経営

教師であることを畏れつつ

ISBN978-4-908637-00-1

一年生担任とは、実に素晴らしいものであり、また怖いものである。小学校教師は一年生を担任してようやく一人前である。一年生を迎えるために必要な、心構えと準備、そして覚悟。

二年生のがんばる姿をサポートする教師と保護者の絆

❾小学二年学級経営

大きな手と小さな手をつないで

ISBN978-4-908637-01-8

二年生を初めて担任した時に知った、「知性的な授業」の必要性。授業の場面以外に、イベントづくり、儀式の演出、会議の原則など、教師に求められる能力の身に付け方。

どん尻で大学を卒業した私を目覚めさせた教師生活の第一歩

❿小学三年学級経営

新卒どん尻教師はガキ大将

ISBN978-4-908637-02-5

新卒一年間の「駆け出し時代の向山実践」。大学をどん尻で出たことの最大の収穫である、自分の頭で考え、実践の中から論理をつかんでいこうとした当時の模索。

すべての子供がもっている力を発揮する教育に変革せよ！

⓫小学四年学級経営
## 先生の通知表をつけたよ
ISBN978-4-908637-03-2

かつての「学級通信」や「学年通信」、教育雑誌などに発表したものを中心に、さまざまな分析考察をはじめ、それに対する私見や授業や学級経営などの方法論も収録。

一人の子供の成長は、クラス全員の成長につながる。それが教室だ

⓬小学五年学級経営
## 子供の活動ははじけるごとく
ISBN978-4-908637-04-9

教育の基本である授業と学級経営を、五年生担任時代の実践から紹介。教師としての授業の技量を高める方法に加え、子供たちの成長のために著者が取った行動の記。

知的な考え方ができる子供の育て方はこれだ！

⓭小学六年学級経営
## 教師の成長は子供と共に
ISBN978-4-908637-05-6

学校で行われる行事や活動の中心になる、最上級生の六年生に起こる、低学年・中学年とは異なったトラブル。それが子供たちにとっても大切な教育の場になることの実例。

メールにはない手紙の味わい。授業者たちの真剣な思いがここに

⓮
## プロを目指す授業者の私信
ISBN978-4-908637-09-4

「若い教師へのメッセージ」となるように、生きている人間の息づかいが伝わる手紙を紹介。「人との出逢い」「授業との出逢い」「教育との出逢い」を知る私信集。

全国の先生が選んだ、すぐに役立つ珠玉の格言集

⑮ 新版 法則化教育格言集

ISBN978-4-908637-10-0

全国の多くの教師たちが著者の著作から選んだ「出会い」を感じさせる「言葉」集。短い言葉だからこそ心に残る、読者の実践に役立ち、また人間の生き方の指針となる教訓。

プロの教師を目指すなら、黒帯六条件をクリアせよ！

⑯ 授業力上達の法則1 黒帯六条件

ISBN978-4-908637-20-9

授業が上手くなるために提案してきた上達法「黒帯六条件」。「自分は力のない教師だ」と思う教師には、力強い支援の書に、「自分の力は満更でもない」と思う教師には、衝撃の一冊。

授業の腕を上げるには、実績のある実践を知るしかない！

⑰ 授業力上達の法則2 向山の授業実践記録

ISBN978-4-908637-21-6

「未発表のまとまった実践記録」を中心にして構成した『新版　授業の腕を上げる法則』『新版続・授業の腕を上げる法則』の続編。本書では実践そのものの活用方法を学ぶ。

一人一人の子供に対応した教育を目指すために！

⑱ 授業力上達の法則3 向山の教育論争

ISBN978-4-908637-22-3

多くの子供たちに対応できる教育システムや、よりよい教育の方法・技術を追究できる研究システム構築に不可欠の要素である論争から、身に付けるべき法則を学ぶ。

学芸を未来に伝える
学芸みらい社
GAKUGEI MIRAISHA

株式会社学芸みらい社
〒162-0833 東京都新宿区箪笥町31 箪笥町SKビル 3F
TEL:03-6265-0109(営業直通)　FAX:03-5227-1267
http://www.gakugeimirai.jp/ e-mail:info@gakugeimirai.jp